樹脂粘土でつくる
レトロかわいいミニチュア洋食

関口真優

はじめに

洋食屋さんや喫茶店にある昔ながらのオムライスやナポリタンを
ミニチュアで作ったら、きっとかわいいはず！
そんな気持ちから、この本が生まれました。
ハンバーグやえびフライなどのおかず、カレーライスやパスタなどのワンプレート、
洋食に合わせるサラダやスープ、食後のデザートまで。
素朴でちょっとレトロな洋食メニューを幅広く紹介します。

野菜や肉、ライス、パスタなどは粘土で成形して作り、
ソースやスープなどはUVレジンを着色して表現します。
1つの作品ができるまで細かい作業が多くなりますが、
見えない部分も手を抜かず、できるだけ本物の料理と同じ手順を
ふむことでリアルな仕上がりになります。
洋食を盛りつけるための食器も自分で作れるように、
市販の型を使った手軽な方法を紹介しました。

単品で作ってもいいですし、おかずとライス、サラダを作って
自分だけのオリジナル定食にすることもできます。
金具をつけてアクセサリーにしたら、注目を集めること間違いなし！
食器を変えたり、具材を変えたり、自由に組み合わせを考えて
いろいろなアレンジを楽しんでみてください。

関口真優

CONTENTS

はじめに	… 2
使用する主な材料	… 6
使用する主な道具	… 8
粘土の着色	… 10

PART 1 洋食のおかず

ハンバーグ	… 12
ミックスフライ	… 13
ポークジンジャー	… 14
ステーキ	… 15
スコッチエッグ	… 16
ロールキャベツ	… 17
作り方	… 18

PART 2 洋食のライス & パスタ

カレーライス / ハヤシライス	… 26
オムライス	… 27
クリームシチュー / ビーフシチュー	… 28
えびピラフ	… 29
ナポリタン / ミートソース / カルボナーラ	… 30
作り方	… 31

PART 3 洋食に合わせるサラダ & スープ

シーザーサラダ / グリーンサラダ	… 40
ポテトサラダ / マカロニサラダ / コールスロー	… 41
コーンスープ / ミネストローネ	… 42
作り方	… 43
野菜パーツの作り方	… 46
トッピングパーツの作り方	… 48

PART 4 食後のデザート

プリンアラモード	… 50
コーヒーゼリー	… 51
チーズケーキ	… 52
モンブラン	… 53
ドリンク	… 54
作り方	… 55
フルーツパーツの作り方	… 64

COLUMN

型を使って食器を手作り … 68

本書で使用した型	… 70
基本の作り方 A	… 71
基本の作り方 B	… 72
グリーンサラダのサラダボウル	… 73
アレンジ方法	… 74

ミニチュア洋食のアクセサリー … 76

アクセサリー作りの材料と道具	… 78
アクセサリーへの加工法	… 79

作りはじめる
前に

◎基本的には各レシピの粘土は1個分の分量ですが、少量の粘土は着色しにくいため、小さなパーツは作りやすい分量でご紹介しています。
◎粘土が完全に乾燥するまで2〜5日かかります。作品の大きさや季節、粘土の種類によって異なるので状態を見て調整してください。
◎UVレジンはUVライトにあてて3〜5分で硬化します。作品の大きさや厚みにより照射時間は変わるので様子を見ながら調整してください。
◎UVレジンは一度に流し込む量が多すぎたり、着色剤を入れすぎたりすると、中までUVライトがあたらず、硬化不良の原因となるので注意。

使用する主な材料

グレイス
（日清アソシエイツ）

本書の主な作品で使用している樹脂粘土。キメが細かく、薄くのばせる。仕上がりに透明感が出る。

グレイスカラー
（日清アソシエイツ）

透明感があり、発色が美しいカラー粘土（全9色）。粘土を濃く着色するときに混ぜ合わせて使用。

シリコーンモールドメーカー
（パジコ）

原型を詰めるだけで型が作れるシリコーン型取り材。3分で硬化がはじまり、30分ほどで完全に硬化。

太陽の雫 ハードタイプ / グミータイプ
（パジコ）

紫外線（UV）にあてるとかたまる透明樹脂。ソースなどには硬くて強い仕上がりのハードタイプ、ゼリーなどには柔らかい仕上がりのグミータイプを使用。

宝石の雫
（パジコ）

レジン専用の液体着色剤（全17色）。レジンと混ざりやすく、透明感があり、発色が美しい。

NR クリアカラー
（日新レジン）

レジンの着色に使用する透明着色剤（4色セット）。変色や色にじみが少なく、鮮やかな発色。

アクリル絵具
（リキテックス）

本書ではソフトタイプを使用。粘土を着色するときに混ぜるほか、筆で塗って焼き色などをつける。

デコレーションカラー
（タミヤ）

発色のよさが特徴のアクリル塗料（全13色）。粘土を着色するときに混ぜるほか、筆で塗ってフルーツなどの着色に使用。

ミニチュア洋食作りに使う基本的な材料を紹介します。
粘土のほか、ソースやスープなどを作るためのUVレジンも欠かせません。

接着剤

パーツの接着やアクセサリー作りに。本書では**デコプリンセス（コニシ）、スーパーX ゴールドクリア（セメダイン）**を使用。

木工用ボンド
（コニシ）

パーツの接着のほか、ライスやポテトサラダなどを作るときに。乾燥後は透明になる。100円均一ショップなどのものでもOK。

クリーミィホイップ ミルク
（パジコ）

手軽にホイップクリームが表現できるクリーム状の粘土。マットな質感でリアルな仕上がりに。乾燥後は耐水性がある。

ベビーパウダー

パスタ（p.30）を作るとき麺がくっつかないようにまぶすほか、ベイクドチーズケーキ（p.52）の粉砂糖の表現に使用。

ベビーオイル

粘土をくり抜いたり、カットしたりするときに、ストローやカッターなどにオイルを塗ると粘土がくっつかずに作業しやすい。

ニス（つやあり）

仕上げに塗ると強度が増す。**つや出しニス（タミヤ）、水性アクリルニス ウルトラバーニッシュ（パジコ）**がおすすめ。

〈粘土の保存について〉

使いかけの粘土は、乾燥しないように開け口をラップで包み、保存袋に入れて密閉しましょう。3カ月ほど保存可能です。袋から出した粘土も同様にラップに包んで保存袋に入れておくと翌日まで使えます。

使用する主な道具

クリアファイル

作業をするときに下に敷く。粘土がくっつきにくく、汚れたら使い捨てできるので便利。

UVライト

UVレジンをかためる照射器。本書ではUV（紫外線）照射器（日清アソシエイツ）を使用。

はさみ

切り込みを入れるときなどに。刃先が細い粘土用を用意。**ステンレスハサミ小（パジコ）**を使用。

カッター

カッターは刃の両側を持って押すように切る。細い部分にはデザインナイフが使いやすい。

歯ブラシ

粘土に質感をつけるときに使用。しっかり模様がつくように毛先は硬めを選ぶとよい。

定規・プレス器

粘土をのばす道具。**ミニプレス（日清アソシエイツ）**を使用。定規は透明のものがサイズも測りやすい。

粘土ヘラ

粘土に筋や模様を入れるときに。メーカーにより形が異なるので好みで選ぶ。(右)**クレイヘラ3本セット（日清アソシエイツ）**、(左)**ねんどベラ3本セット（パジコ）**。

ステンレスモデラ
（日清アソシエイツ）

ステンレス製の粘土ヘラ。先端が細く、小回りがきくので細かい部分の作業に向いている。

楊枝

粘土に穴をあけたり、質感をつけたりするほか、粘土の着色時に絵具を少量すくうときにも使用。

ミニチュア洋食作りに使う基本的な道具を紹介します。
特別な道具はほとんどなく、ご家庭にある身近なものを使います。

筆

色を塗る面積が広いときは平筆、細かい作業は細い筆や極細を選ぶ。（右3本）モデリングブラシHF（タミヤ）、（左）クレイジュエリー筆短軸平筆4号（日清アソシエイツ）がおすすめ。

カップ・小皿

カップは絵具の水入れに使用。小皿はUVレジンの着色などに。使い捨てできる薬味皿が便利。

ラップ・メモ用紙

着色するときに絵具を出すパレットとして使用。どちらも使い捨てできるので便利。

オーブンシート

定規やプレス器で粘土をのばすとき、くっつかないようにオーブンシートを間に挟むとよい。

ピンセット

食器に盛りつけるときにパーツをつかんだり、小さいものを作業するときに押さえたりして使用。

スポンジ

粘土を乾燥させるとき上にのせる。通気性がよいので底までしっかり乾かすことができる。

カラースケール（パジコ）

粘土をくぼみに詰めて計量することができる道具。本書ではバニラアイス（p.66）の成形に使用。

茶こし

ブロッコリー（p.48）を作るときに使用。粘土を網に押しあてて房の部分を作る。

あると便利な道具

レジン注入器（日清アソシエイツ）

UVレジンを流し込む道具。食器の型など細かい部分にレジンを入れるとき気泡が入りにくくて便利。

粘土の着色

粘土の着色はアクリル絵具を混ぜる方法と、カラー粘土を混ぜる方法があります。
絵具の量が多くなると粘土が水っぽくなることがあるので、
濃い色を作るときはカラー粘土で着色するのがおすすめです。

＜アクリル絵具を混ぜる＞

1. アクリル絵具を楊枝に少量つけて、適当な大きさに広げた粘土の上にのせる。

2. 粘土をのばしてたたむ動きをくり返し、全体に色がつくまでよく混ぜる。

3. 混ぜ終わり。
色が薄かったら様子を見ながら絵具を少量ずつ加えてください。粘土の色は乾燥すると濃くなるので、目指す色よりも薄めに仕上げます。

＜カラー粘土を混ぜる＞

1. 指定の大きさにしたカラー粘土と粘土を貼り合わせる。

2. 粘土をのばしてたたむ動きをくり返し、全体に色がつくまでよく混ぜる。

3. 混ぜ終わり。

PART

1

洋食のおかず

ハンバーグやフライ、ポークジンジャーなど
ごはんがすすむ定番おかずを作りました。
UVレジンのソースもリアルに仕上げるポイント。
着色剤を少量ずつ加えておいしそうな色を作りましょう。
食器にミックスベジタブル、オニオンリングなどの
つけ合わせを一緒に盛りつけると雰囲気が出ます。

ハンバーグ

小判形に成形した粘土に焼き色をつけてハンバーグに。
UVレジンでデミグラスソースを作り、にんじん、いんげん、ポテトを添えました。

→ 作り方 p.18

ミックスフライ

えびフライ、クリームコロッケ、ヒレカツの3種を盛り合わせました。
粘土の成形を変えるだけなので、好きなフライを作ってみてください。

→ 作り方 p.19

ポークジンジャー

日本語で言えば、しょうが焼き。豚ロース肉をよく観察して形を作りましょう。
玉ねぎをソースにからめ、一体感を出すのがポイントです。

→ 作り方 p.20（ライスp.31）

BEEF STEAK

ステーキ

赤ワインをイメージした赤みのあるソースを作り、ちょっと高級感を出しました。
つけ合わせには、オニオンリング、アスパラガス、ミックスベジタブルを。

→ 作り方 p.21

スコッチエッグ

ボリューム感があり、見た目もかわいい、スコッチエッグ。
ゆで卵を作ってハンバーグ (p.12) の肉で包み、外側に衣をつけていきます。

→ 作り方 p.22

CABBAGE ROLLS

ロールキャベツ

肉をキャベツで包んでベーコンで巻き、UVレジンのコンソメスープをかけます。
中まで見えなくても、本物と同じ手順で作ることでリアルな仕上がりに。

→ 作り方 p.23

ハンバーグ …p.12

材料

[ハンバーグ]
樹脂粘土（グレイス）
アクリル絵具
（リキテックス ソフトタイプ）
〈トランスペアレントバーントアンバー〉
〈トランスペアレントバーントシェンナ〉

[いんげん、にんじん、ポテト]
樹脂粘土（グレイス）
カラー粘土
（グレイスカラー グリーン）
アクリル絵具
（リキテックス ソフトタイプ）
〈イエローオキサイド〉
〈トランスペアレントバーントアンバー〉
〈トランスペアレントバーントシェンナ〉

[ソース]
UVレジン
（太陽の雫 ハードタイプ）
UVレジン用着色剤（宝石の雫）
〈レッド〉〈オレンジ〉〈ブラウン〉

[盛りつけ]
平皿d（p.68）、接着剤（デコプリンセス）

できあがりサイズ 約1.5cm（ハンバーグ）

準備
p.10の要領で粘土を着色する。

[ハンバーグ]
アクリル絵具〈トランスペアレントバーントアンバー〉で茶色に着色。

[いんげん]
粘土とカラー粘土を混ぜて（**グレイス**直径約1.3cm＋**グレイスカラー グリーン**直径約4mm）黄緑に着色。

[にんじん]
アクリル絵具〈トランスペアレントバーントシェンナ〉でオレンジに着色。

[ポテト]
アクリル絵具〈イエローオキサイド〉で薄い黄色に着色。

作り方

ハンバーグ

1 着色した粘土で直径約1.3cmの丸玉を作る。指で平らにつぶし、真ん中を少しへこませて小判形に整える。

2 表面を少し乾燥させ、粘土ヘラ（**ステンレスモデラ**）で引っかいて表面に質感をつける。乾燥させる。

3 アクリル絵具〈トランスペアレントバーントシェンナ〉、〈トランスペアレントバーントアンバー〉を塗り、焼き色をつける。
きれいに2色を混ぜ合わせるのではなく、筆に交互につけながらラフに塗るのがコツ。盛り上がっている部分を濃く塗り、濃淡をつけるとリアルに仕上がります。

いんげん

着色した粘土で直径2～3mmの丸玉を作る。細い棒状にのばす。
先端を細くし、太さや長さをそろえず、アバウトにのばします。

にんじん

1 着色した粘土で直径約7mmの丸玉を作る。2.5cm長さの棒状にのばし、乾燥させる。

2 カッターで5～6mm長さに切り、さらに縦4等分に切る。

ポテト

1 着色した粘土で直径約4mmの丸玉を作る。指でつまんで角を作り、両端を少し曲げてくし形に整える。

2 外側（皮になる部分）にアクリル絵具〈トランスペアレントバーントアンバー〉、〈トランスペアレントバーントシェンナ〉を塗る。
きれいに2色を混ぜ合わせるのではなく、筆に交互につけながらラフに塗るのがコツ。

ソース

UVレジンに着色剤を混ぜ、ソースを作る。

着色剤は様子を見ながら少しずつ加えてください。混ぜながら好みの色に仕上げます。

盛りつけ

1 皿に接着剤をつけ、ハンバーグを貼りつける。

3 いんげん、にんじん、ポテトを接着剤で貼りつける。

2 ソースを上からかけ、UVライトにあててかためる。

ミックスフライ … p.13

材料

[フライ]

樹脂粘土（**グレイス**）

カラー粘土
（**グレイスカラー きつね色**）

アクリル絵具
（**リキテックス ソフトタイプ**）
〈ビビッドレッドオレンジ〉
〈カドミウムレッドミディアム〉

[ソース]

UVレジン（**太陽の雫 ハードタイプ**）

UVレジン用着色剤（**宝石の雫**）
〈イエロー〉〈ホワイト〉

[パーツ]

レタス(p.46)、せん切りキャベツ(p.46)
トマト(p.47)、ブロッコリー(p.48)

[盛りつけ]

平皿 b (p.68)、接着剤（**デコプリンセス**）

できあがりサイズ

約1.5cm（えびフライ）、約7mm（ヒレカツ）
約7mm（クリームコロッケ）

作り方

ミックスフライ

1 無着色の粘土でそれぞれの形を作る。えびフライは直径約1cmの粘土をえびの形に整え、しっぽの部分は粘土ヘラ（**ステンレスモデラ**）で筋を入れる。ヒレカツは直径約7mmの粘土をひし形にし、クリームコロッケは直径約7mmの粘土を俵形にする。

3 カラー粘土（**グレイスカラー きつね色**）を薄くのばし、粘土ヘラ（**ステンレスモデラ**）で引っかいて細かくほぐし、木工用ボンドを塗った1、2に貼りつける。

裏面は見えないので衣をつけなくてもOK。つける場合は表面が乾いてから同様に貼りつけます。

2 えびフライは乾燥させたあと、アクリル絵具〈ビビッドレッドオレンジ〉、〈カドミウムレッドミディアム〉でしっぽを着色する。

ベースはオレンジで、縁に赤を塗るとカリッとした質感が出せます。

ソース、盛りつけ

皿に接着剤をつけ、レタス、せん切りキャベツ、トマト、ブロッコリー、フライを盛りつける。UVレジンに着色剤を少しずつ混ぜてタルタルソースを作り、コロッケにかけ、UVライトにあててかためる。

ポークジンジャー
… p.14

材料

[豚肉]
樹脂粘土（グレイス）
アクリル絵具
（リキテックス ソフトタイプ）
〈トランスペアレントバーントアンバー〉
木工用ボンド

[玉ねぎ]
樹脂粘土（グレイス）
シリコーン型取り材
（シリコーンモールドメーカー）
アクリル絵具
（リキテックス ソフトタイプ）
〈イエローオキサイド〉

[ソース]
UVレジン
（太陽の雫 ハードタイプ）
UVレジン用着色剤（宝石の雫）
〈オレンジ〉〈イエロー〉〈ブラウン〉

[パーツ]
レタス（p.46）、トマト（p.47）
ブロッコリー（p.48）
ゆで卵
（p.22スコッチエッグの作り方1、2参照）

[盛りつけ]
平皿d（p.68）、接着剤（デコプリンセス）

できあがりサイズ 約2cm（豚肉）

準備
p.10の要領で粘土を着色する。

[豚肉]
アクリル絵具〈トランスペアレントバーントアンバー〉で薄い茶色に着色。

[玉ねぎ]
アクリル絵具〈イエローオキサイド〉で薄い黄色に着色。

作り方

[豚肉]

1 着色した粘土で直径約8mmの丸玉を作る。片側を細くして豚ロース肉の形を作り、粘土ヘラ（ステンレスモデラ）で脂身の筋を入れる。

2 粘土ヘラ（ステンレスモデラ）で表面を引っかいて少し荒らし、質感をつける。同様に3枚作る。

3 2の肉に木工用ボンドを塗り、少しずらして貼り合わせる。

[ソース]

UVレジンに着色剤を混ぜ、ジンジャーソースを作る。
着色剤は様子を見ながら少しずつ加えてください。混ぜながら好みの色に仕上げます。

[玉ねぎ]

1 説明書の指示に従ってシリコーン型取り材（シリコンモールドメーカー）の2材を直径1.5cmずつ混ぜ、約5cm長さの棒状にする。

2 着色した粘土で直径約1.3cmの丸玉を作る。約5cm幅にのばし、四方を切って長方形を作る。

3 2の粘土を1の型に巻きつけ、乾燥させる。型からはずし、はさみでランダムな形に細く切る。

[盛りつけ]

1 皿に接着剤をつけ、豚肉、レタス、トマト、ブロッコリー、ゆで卵を盛りつける。

2 豚肉にソースをかけ、玉ねぎを散らす。玉ねぎにもソースをまぶしてから、UVライトにあててかためる。

ステーキ …p.15

材料

[牛肉]

樹脂粘土（**グレイス**）

アクリル絵具（**リキテックス ソフトタイプ**）
〈カドミウムレッドミディアム〉
〈トランスペアレントバーントアンバー〉
〈トランスペアレントバーントシェンナ〉

[ソース]

UVレジン（**太陽の雫 ハードタイプ**）
UVレジン用着色剤（**宝石の雫**）
〈レッド〉〈オレンジ〉〈ブラウン〉

[オニオンリング、ミックスベジタブル]

樹脂粘土（**グレイス**）
カラー粘土（**グレイスカラー グリーン、きつね色**）

アクリル絵具（**リキテックス ソフトタイプ**）
〈イエローオキサイド〉
〈カドミウムイエローディープヒュー〉
〈トランスペアレントバーントシェンナ〉

[パーツ]

アスパラガス（p.46）

[盛りつけ]

平皿b（p.68）、接着剤（**デコプリンセス**）

できあがりサイズ 約2.5cm（牛肉）

準備

p.10の要領で粘土を着色する。

[牛肉]
赤身：アクリル絵具〈カドミウムレッドミディアム〉でピンクに着色。**脂身**：アクリル絵具〈トランスペアレントバーントアンバー〉で薄い茶色に着色。

[オニオンリング]
アクリル絵具〈イエローオキサイド〉で薄い黄色に着色。

[ミックスベジタブル]
グリンピース：カラー粘土を混ぜて（**グレイス**直径5mm＋**グレイスカラー グリーン**直径5mm）黄緑に着色。**にんじん**：アクリル絵具〈トランスペアレントバーントシェンナ〉でオレンジに着色。**コーン**：アクリル絵具〈カドミウムイエローディープヒュー〉で黄色に着色。

作り方

牛肉

1 ピンクに着色した粘土で直径約7mmの丸玉を作る。直径約7mmの無着色の粘土と合わせ、のばしながらマーブル状に混ぜる。指でのばして肉の形を作る。

2 薄い茶色に着色した粘土で直径約6mmの丸玉を作る。細長くのばし、1の上部に貼りつける。

肉の脂身を表現。茶色の粘土を引っ張りながら大きさを合わせると最後が細くなり、リアルな仕上がりに。

3 粘土ヘラ（**ステンレスモデラ**）で茶色の粘土をなじませてステーキ肉の形に整え、表面を引っかいて荒らし、質感をつける。

4 乾燥させ、アクリル絵具〈トランスペアレントバーントアンバー〉、〈トランスペアレントバーントシェンナ〉を縁に塗り、焼き色をつける。

きれいに2色を混ぜ合わせるのではなく、筆に交互につけながらラフに塗るのがコツ。

オニオンリング

着色した粘土で直径約5mmの丸玉を作る。平らにつぶし、粘土ヘラの棒で中央に穴をあけて乾燥させる。薄くのばしたカラー粘土（**グレイスカラー きつね色**）を粘土ヘラ（**ステンレスモデラ**）で細かくほぐし（p.19の作り方3）、ボンドを塗ったリングに貼りつける。

ピンセットで押さえながら貼りつけます。全体を覆わず、粘土の地色も少し見せるのがポイント。

ミックスベジタブル

黄緑の粘土は直径2～3mmにラフに丸める。オレンジと黄色の粘土は、それぞれ直径約7mmの丸玉を作り、2.5cm長さの棒状にのばし、乾燥させて細かく切る。

ソース

UVレジンに着色剤を混ぜ、ステーキソースを作る。

着色剤は様子を見ながら少しずつ加えてください。混ぜながら好みの色に仕上げます。

盛りつけ

皿に接着剤をつけて牛肉を貼りつけ、ソースをかけ、UVライトにあててかためる。アスパラガス、オニオンリング、ミックスベジタブルを接着剤で貼りつける。

スコッチエッグ …p.16

材料

[スコッチエッグ]

樹脂粘土〈グレイス〉

アクリル絵具
〈リキテックス ソフトタイプ〉
〈カドミウムイエローディープヒュー〉
〈ビビッドレッドオレンジ〉
〈チタニウムホワイト〉
〈トランスペアレントバーントアンバー〉

カラー粘土〈グレイスカラー きつね色〉

木工用ボンド

[パーツ]

サニーレタス（p.46）

きゅうり（p.47）

[盛りつけ]

平皿 b（p.68、74）

接着剤〈デコプリンセス〉

できあがりサイズ

約1.6cm（スコッチエッグ）

準備

p.10の要領で粘土を着色する。

[黄身]
アクリル絵具〈カドミウムイエローディープヒュー〉、〈ビビッドレッドオレンジ〉で黄色に着色。

[白身]
アクリル絵具〈チタニウムホワイト〉で白に着色。

[肉]
アクリル絵具〈トランスペアレントバーントアンバー〉で茶色に着色。

作り方

1 黄身用の粘土で直径約8mmの丸玉を作り、乾燥させる。白身用の粘土で直径約7mmの丸玉を作り、平らにのばし、黄身の丸玉をのせる。

2 黄色の粘土が完全に隠れるようにしっかりと包み、乾燥させてカッターで半分に切る。

3 茶色に着色した粘土で直径1cmの丸玉を作り、薄くのばす。2の卵を裏返して木工用ボンドを塗り、粘土ヘラ（**ステンレスモデラ**）で茶色の粘土を引っかいて取り、白身を覆うように貼りつける。

4 表に返し、縁の部分を粘土ヘラ（**ステンレスモデラ**）で引っかいて荒らし、質感をつける。少し乾燥させる。

5 カラー粘土（**グレイスカラー きつね色**）を薄くのばし、粘土ヘラ（**ステンレスモデラ**）で引っかいて細かくほぐす。まわりに貼りつけ、衣を作る。

茶色の粘土が乾燥してくっつきにくければ、木工用ボンドを塗って貼りつけます。

盛りつけ

皿に接着剤をつけてスコッチエッグ、サニーレタス、きゅうりを盛りつける。

ロールキャベツ …p.17

材料

[ロールキャベツ]

樹脂粘土（**グレイス**）

アクリル絵具（**リキテックス ソフトタイプ**）
〈トランスペアレントバーントアンバー〉
〈トランスペアレントバーントシェンナ〉
〈パーマネントグリーンライト〉
〈イエローオキサイド〉
〈カドミウムレッドミディアム〉

[スープ]

UVレジン（**太陽の雫 ハードタイプ**）

UVレジン用着色剤（**宝石の雫**）
〈オレンジ〉〈イエロー〉〈ブラウン〉

[パーツ]

黒こしょう（p.48）

パセリ（p.48）

[盛りつけ]

深皿 a（p.69、74）

接着剤（**デコプリンセス**）

できあがりサイズ

約1.3cm（ロールキャベツ）

準備

p.10の要領で粘土を着色する。

[ロールキャベツ本体]

肉：アクリル絵具〈トランスペアレントバーントアンバー〉で茶色に着色。**キャベツ**：アクリル絵具〈パーマネントグリーンライト〉、〈イエローオキサイド〉で黄緑に着色。

[ベーコン]

アクリル絵具〈カドミウムレッドミディアム〉でピンクに着色。

作り方

<mark>ロールキャベツ本体</mark>

1 茶色に着色した粘土で直径約7mmの丸玉を作り、俵形にする。

2 黄緑に着色した粘土で直径約7mmの丸玉を作り、指で薄くのばす。

3 粘土ヘラ（**ステンレスモデラ**）でしわを寄せるようにして縦に筋を入れる。
上部が少し広がるようにキャベツの形に整えます。

4 1の肉を3のキャベツの上にのせ、手前からひと巻きして左右を折りたたみ、包み込む。

5 アクリル絵具〈パーマネントグリーンライト〉、〈イエローオキサイド〉を全体に塗り、色をつける。
きれいに2色を混ぜ合わせるのではなく、筆に交互につけながらラフに塗るのがコツ。盛り上がっている部分を濃くし、色ムラを作るのがポイント。

ベーコン

1. ピンクに着色した粘土で直径約7mmの丸玉を作る。直径約7mmの無着色の粘土と合わせ、のばしながらマーブル状に混ぜる。

2. プレス器で薄くのばす。マーブル模様がきれいな部分を選び、カッターで余分なところを切り落として細長い長方形を作る。

3. 表面に歯ブラシをあて、質感をつける。

4. アクリル絵具〈トランスペアレントバーントアンバー〉、〈トランスペアレントバーントシェンナ〉で縁を塗り、焦げ目をつける。

きれいに2色を混ぜ合わせるのではなく、筆に交互につけながらラフに塗るのがコツ。

5. 約2cm長さに切る。

コンソメスープ

UVレジンに着色剤を混ぜ、コンソメスープを作る。

着色剤は様子を見ながら少しずつ加えてください。混ぜながら好みの色に仕上げます。

盛りつけ

1. ロールキャベツ本体にベーコンを巻く。

2. 皿に接着剤をつけ、ロールキャベツを盛りつける。コンソメスープをかけ、黒こしょう、パセリを散らし、UVライトにあててかためる。

PART
2

洋食の
ライス＆パスタ

カレーライスやオムライス、ナポリタンやミートソースなど
ワンプレートで完結する主食のメニューを紹介します。
ボリューム感があり、見た目のインパクトは抜群！
単品でアクセサリーにしてもかわいいです。
米粒を作るのは根気のいる作業ですが、作り方は簡単。
パスタは粘土を細長く絞り出す道具を使います。

カレーライス　ハヤシライス

カレーライスは野菜をゴロゴロ入れて福神漬けを添えました。
ハヤシライスはソースにちょっと赤みを入れ、ライスにはパセリを散らして。
→ 作り方 p.31、32

オムライス

洋食といえば、卵の上にケチャップがかかった昔ながらのオムライス。
ケチャップライスにも小さく切った具を入れることで、おいしそうに。

→ 作り方 p.33

クリームシチュー
ビーフシチュー

体がポカポカ温まりそうな2種のシチュー。UVレジンにシーナリーパウダーを加えると
独特なざらつきが出て、リアルな質感が表現できます。
→ 作り方 p.34、35

えびピラフ

グリンピースやコーンを混ぜたシンプルなピラフは、素朴でかわいい。
ごはん粒を作るのは根気がいりますが、できあがったときの達成感はひとしお。
→ 作り方 p.35（グリーンサラダ p.43）

SPAGHETTI

ナポリタン　ミートソース　カルボナーラ

粘土を細長く絞り出せる道具を使えば、パスタを手軽に作ることができます。
合わせるソースや具材を変えて、王道の3種を。

→　作り方 p.36、38

カレーライス …p.26

材料

樹脂粘土（**グレイス**）

アクリル絵具（**リキテックス ソフトタイプ**）
〈イエローオキサイド〉
〈トランスペアレントバーントアンバー〉
〈ディープブリリアントレッド〉
〈カドミウムレッドミディアム〉

木工用ボンド

[ルー]

UVレジン（**太陽の雫 ハードタイプ**）

UVレジン用着色剤（**宝石の雫**）
〈レッド〉〈オレンジ〉〈ブルー〉〈ブラウン〉

シーナリーパウダー

[パーツ]

にんじん（p.18 ハンバーグ参照）

[盛りつけ]

深皿a（p.69）、接着剤（**デコプリンセス**）

準備

p.10の要領で粘土を着色する。

[じゃがいも]
アクリル絵具〈イエローオキサイド〉で薄い黄色に着色。

[牛肉]
アクリル絵具〈トランスペアレントバーントアンバー〉で茶色に着色。

[福神漬け]
アクリル絵具〈ディープブリリアントレッド〉、〈カドミウムレッドミディアム〉で赤に着色。

作り方

[じゃがいも]

着色した粘土で直径約7mmの丸玉を作る。乾燥させ、カッターで4等分に切る。

[牛肉]

着色した粘土を適当な大きさに丸め、平らにつぶす。少し乾燥させ、粘土ヘラ（**ステンレスモデラ**）やカッターでちぎるようにして小さく切る。
完全に乾燥させず、半生くらいの状態でラフにちぎって断面にボソボソ感を出すのがポイント。

[福神漬け]

着色した粘土を適当な大きさに丸め、薄くのばす。少し乾燥させ、粘土ヘラ（**ステンレスモデラ**）やカッターでちぎるようにして小さく切る。

[ルー]

UVレジンに着色剤とシーナリーパウダーを混ぜ、ルーを作る。
着色剤は様子を見ながら少しずつ加えてください。混ぜながら好みの色に仕上げたら、シーナリーパウダーを加え、独特なざらつきを表現します。

シーナリーパウダー

模型用のパウダー。UVレジンでソースなどを作るときに混ぜると、ざらつきが出てリアルな質感になる。

ライスの作り方

材料 樹脂粘土（**グレイス**）

無着色の粘土を指先で丸め、直径2mmくらいの丸玉をたくさん作る。

カレーライス

1 適当な大きさの無着色の粘土を皿にのせてドーム状に整え、ライスの土台を作る。

2 p.31の要領でライスを作り、土台の上に貼りつける。
乾燥してくっつきにくければ、木工用ボンドを土台に塗って貼りつけます。

3 木工用ボンドを筆でたたくように表面のところどころに塗る。

4 皿のルーをかけるところに無着色の粘土をのせ、土台を作る。乾燥させる。

5 **4**の土台の上にルーをかけ、UVライトにあててかためる。
一度に流し込むと硬化不良の原因となるので、厚みを見ながら3〜5回に分けて薄く重ね入れます。

6 再びルーをかけ、小さく切ったにんじん、じゃがいも、牛肉をルーにからめながら散らす。

7 上からルーをかけて具の間を埋め、UVライトにあててかためる。

8 接着剤で福神漬けを貼りつける。

ハヤシライス … p.26

材料

樹脂粘土（**グレイス**）
アクリル絵具（**リキテックス ソフトタイプ**）
〈トランスペアレントバーントアンバー〉
木工用ボンド
[ソース]
UVレジン（**太陽の雫 ハードタイプ**）
UVレジン用着色剤（**宝石の雫**）
〈レッド〉〈オレンジ〉〈ブラウン〉
シーナリーパウダー
[パーツ]
玉ねぎ（p.20 ポークジンジャー参照）
パセリ（p.48）
[盛りつけ]
深皿 **a**（p.69）、接着剤（**デコプリンセス**）

準備

[薄切り肉]

p.10の要領で粘土をアクリル絵具〈トランスペアレントバーントアンバー〉で茶色に着色。

作り方

[薄切り肉]

着色した粘土で直径約5mmの丸玉を作る。4等分にし、指でアバウトに薄くのばす。

[ソース]

UVレジンに着色剤とシーナリーパウダーを混ぜ、ソースを作る。
着色剤は様子を見ながら少しずつ加えてください。混ぜながら好みの色に仕上げたら、シーナリーパウダーを加え、独特なざらつきを表現します。

カレーライスの作り方**1〜7**と同様に作る。**6**で薄切り肉と玉ねぎを散らし、最後にパセリをかける。
パセリはライスにボンドを塗って接着。ソースの上にかける場合は、薄くソースを塗ってパセリをかけ、UVライトでかためます。

オムライス …p.27

材料

樹脂粘土（**グレイス**）
アクリル絵具（**リキテックス ソフトタイプ**）
〈カドミウムレッドミディアム〉
〈ビビッドレッドオレンジ〉
〈カドミウムイエローディープヒュー〉
木工用ボンド

ケチャップ

UVレジン（**太陽の雫 ハードタイプ**）
UVレジン用着色剤（**宝石の雫**）
〈レッド〉〈オレンジ〉〈イエロー〉〈ブラウン〉

シーナリーパウダー

パーツ

牛肉（p.31 カレーライス参照）
グリンピース（p.21 ミックスベジタブル参照）
オニオンリング（p.21 ステーキ参照）
にんじん（p.18 ハンバーグ参照）
ブロッコリー（p.48）

盛りつけ

平皿 **a**（p.68、74）、ミニボウル（p.69）
接着剤（**デコプリンセス**）

作り方

1　無着色の粘土で直径約2cmの丸玉を作り、おおまかにオムライスの形を作る。

2　アクリル絵具〈カドミウムレッドミディアム〉、〈ビビッドレッドオレンジ〉で塗り、ラフに着色する。
粘土の白い地色が見えていてもOK。

3　p.10の要領で粘土をアクリル絵具〈カドミウムイエローディープヒュー〉で黄色に着色し、直径約1.2cmの丸玉を作る。薄く広げ、歯ブラシで全体に質感をつける。

4　2の粘土の上に3をかぶせて包む。

5　余分な粘土ははさみで切り落とす。

6　形を整え、表面に歯ブラシをあてて質感をつける。

7　真ん中にカッターで斜めに2ヵ所切り込みを入れ、中の粘土を取り除く。

8　p.31の要領でライスを作り、カットした所に貼りつける。
ごはん粒が中からこぼれてくるイメージで少し外にはみ出させます。乾燥してくっつきにくければ、木工用ボンドで貼りつけます。

9　ライスに小さく切ったグリンピースと牛肉を散らす。

10　木工用ボンドにアクリル絵具〈カドミウムレッドミディアム〉、〈ビビッドレッドオレンジ〉を混ぜ、9のライスを着色する。
きれいに2色を混ぜ合わせるのではなく、筆に交互につけながらラフに塗るのがコツ。粘土の色も少し残して色ムラを作ります。

11 UVレジンに着色剤とシーナリーパウダーを混ぜ、トマトケチャップを作る。

着色剤は様子を見ながら少しずつ加えてください。混ぜながら好みの色に仕上げたら、シーナリーパウダーを加え、独特なざらつきを表現します。

12 セロハンでコルネを作って 11 のケチャップを入れ、オムライスの上に絞り出す。UVライトにあててかためる。

13 皿に接着剤をつけてオムライスを貼りつけ、ミニボウルに入れたオニオンリング、にんじん、ブロッコリーを添える。

クリームシチュー
… p.28

材料

樹脂粘土（**グレイス**）

アクリル絵具（**リキテックス ソフトタイプ**）
〈トランスペアレントバーントアンバー〉

UVレジン（**太陽の雫 ハードタイプ**）

UVレジン用着色剤（**宝石の雫**）
〈イエロー〉〈ホワイト〉

シーナリーパウダー

パーツ

にんじん（p.18ハンバーグ参照）

じゃがいも（p.31カレーライス参照）

アスパラガス（p.46）

盛りつけ

グラタン皿（p.69、74）

準備

鶏肉

p.10の要領で粘土をアクリル絵具〈トランスペアレントバーントアンバー〉で薄い茶色に着色。

作り方

鶏肉

薄い茶色に着色した粘土を適当な大きさに丸め、平らにつぶす。少し乾燥させ、粘土ヘラ（**ステンレスモデラ**）やカッターでちぎるようにして小さく切る。

完全に乾燥させず、半生くらいの状態でラフにちぎって断面にボソボソ感を出すのがポイント。

クリームシチュー

1 無着色の粘土で直径約1.5cmの丸玉を作り、皿の中に詰め、乾燥させる。

2 UVレジンに着色剤とシーナリーパウダーを混ぜ、ホワイトソースを作る。

着色剤は様子を見ながら少しずつ加えてください。混ぜながら好みの色に仕上げたら、シーナリーパウダーを加え、独特なざらつきを表現します。

3 1の皿の中に2のソースを入れ、UVライトにあててかためる。

一度に流し込むと硬化不良の原因になるので、3〜5回に分けて入れます。

4 再びソースを入れ、小さく切ったにんじん、鶏肉、じゃがいもをソースにからめながらのせる。UVライトにあててかためる。

5 最後にソースを入れてアスパラガスをのせ、UVライトにあててかためる。

ビーフシチュー … p.28

材料

樹脂粘土（**グレイス**）
UVレジン（**太陽の雫 ハードタイプ**）
UVレジン用着色剤（**宝石の雫**）
〈レッド〉〈オレンジ〉〈イエロー〉〈ブラウン〉
シーナリーパウダー

[パーツ]
にんじん（p.21ミックスベジタブル参照）
じゃがいも（p.31カレーライス参照）
牛肉（p.31カレーライス参照）
ブロッコリー（p.48）

[盛りつけ]
グラタン皿（p.69、74）

作り方

[ソース]

UVレジンに着色剤とシーナリーパウダーを混ぜ、ビーフシチューソースを作る。

着色剤は様子を見ながら少しずつ加えてください。混ぜながら好みの色に仕上げたら、シーナリーパウダーを加え、独特なざらつきを表現します。

クリームシチューの作り方1〜5と同様に作る。4でにんじん、じゃがいも、牛肉を入れ、5でブロッコリーをのせる。

えびピラフ … p.29

材料

樹脂粘土（**グレイス**）
アクリル絵具（**リキテックス ソフトタイプ**）
〈カドミウムレッドミディアム〉
〈ビビッドレッドオレンジ〉
〈イエローオキサイド〉
木工用ボンド

[パーツ]
にんじん
（p.21ミックスベジタブル参照）
グリンピース
（p.21ミックスベジタブル参照）
コーン（p.21ミックスベジタブル参照）

[盛りつけ]
深皿a（p.69）

作り方

[えび]

1 無着色の粘土で直径約3mmの丸玉を作り、カーブを作ってゆでえびの形に整える。しっぽの部分は平らにして粘土ヘラ（**ステンレスモデラ**）で筋を入れ、乾燥させる。

2 アクリル絵具〈ビビッドレッドオレンジ〉、〈カドミウムレッドミディアム〉で胴体としっぽを着色する。同様にくり返して3個作る。

きれいに2色を混ぜ合わせるのではなく、筆に交互につけながらラフに塗るのがコツ。

[ピラフ]

1 p.10の要領で粘土をアクリル絵具〈イエローオキサイド〉で薄い黄色に着色し、直径約2.5cmの丸玉を作る。真ん中が高く、両端が低くなるように整え、土台を作る。

2 アクリル絵具〈イエローオキサイド〉で薄い黄色に着色した粘土をp.31のライスの作り方の要領で小さく丸め、1の土台の上にのせて貼りつける。ところどころにグリンピース、コーン、にんじんを入れる。

乾燥してくっつきにくければ、木工用ボンドで貼りつけます。

3 木工用ボンドを筆でたたくように表面のところどころに塗り、えびをのせる。

米のところどころにツヤやベタつきを出し、リアルな質感を表現します。

ナポリタン … p.30

材料
樹脂粘土（グレイス）
アクリル絵具（リキテックス ソフトタイプ）
〈イエローオキサイド〉
〈ビビッドレッドオレンジ〉
〈カドミウムレッドミディアム〉
ベビーパウダー
ニス（ツヤあり）

ウィンナー
樹脂粘土（グレイス）
アクリル絵具（リキテックス ソフトタイプ）
〈トランスペアレントバーントシェンナ〉

ピーマン
樹脂粘土（グレイス）
シリコーン型取り材
（シリコーンモールドメーカー）
アクリル絵具（リキテックス ソフトタイプ）
〈イエローオキサイド〉
〈パーマネントサップグリーン〉

パーツ
玉ねぎ（p.20 ポークジンジャー参照）

盛りつけ
深皿 b (p.69、74)

準備
p.10の要領で粘土を着色する。

パスタ
アクリル絵具〈イエローオキサイド〉で薄い黄色に着色。

ウィンナー
アクリル絵具〈トランスペアレントバーントシェンナ〉で薄い赤茶色に着色。

ピーマン
アクリル絵具〈イエローオキサイド〉で薄い黄色に着色。

作り方

パスタ（共通）

1 薄い黄色に着色した粘土で直径約2.5cmの丸玉を作る。10分くらいおいて乾燥させたら、クレイガンに詰めて絞り出す。

2 ベビーパウダーをまぶし、1本ずつくっつかないようにバラバラにする。

3 パスタの量を調整しながら皿にのせて形を整える。

ウィンナー

1 薄い赤茶色に着色した粘土で直径約1cmの丸玉を作る。指でころがして約2.5cm長さの棒状にのばし、乾燥させる。

2 表面にアクリル絵具〈トランスペアレントバーントシェンナ〉を塗る。

3 絵具が乾いたら、カッターで薄く切る。

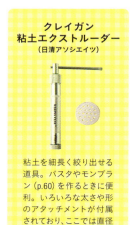

クレイガン 粘土エクストルーダー
（日清アソシエイツ）

粘土を細長く絞り出せる道具。パスタやモンブラン（p.60）を作るときに便利。いろいろな太さや形のアタッチメントが付属されており、ここでは直径1mmのチップを使用。

ミートソース … p.30

ピーマン

1. 説明書の指示に従ってシリコーン型取り材（**シリコンモールドメーカー**）の2材を直径1cmずつ混ぜ、約4.5cm長さの棒状にする。

2. カッターで縦に4ヵ所を削り取って溝を作る。型の完成。

3. 薄い黄色に着色した粘土で直径約1.3cmの丸玉を作る。平らにつぶし、2の型に巻きつけて乾燥させる。

4. アクリル絵具〈パーマネントサップグリーン〉を表面に塗る。

5. 絵具が乾いたら型からはずし、カッターで薄く切る。

ナポリタン

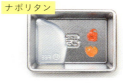

1. ニスにアクリル絵具〈ビビッドレッドオレンジ〉、〈カドミウムレッドミディアム〉を混ぜ、ケチャップソースを作る。
   絵具は様子を見ながら少しずつ加えてください。混ぜながら好みの色に仕上げます。

2. 皿にのせたパスタに1のソースをランダムに塗る。
   筆でたたくようにラフに塗り、色の濃淡をつけます。

3. ピーマン、ウィンナー、玉ねぎを散らし、上からソースをランダムに塗る。

材料

樹脂粘土（**グレイス**）

アクリル絵具（**リキテックス ソフトタイプ**）
〈イエローオキサイド〉

ベビーパウダー

ニス（ツヤあり）

[ソース]
UVレジン（**太陽の雫 ハードタイプ**）
UVレジン用着色剤（**宝石の雫**）
〈レッド〉〈オレンジ〉〈イエロー〉〈ブラウン〉
シーナリーパウダー

[パーツ]
牛肉（p.31 カレーライス参照）
パセリ（p.48）、粉チーズ（p.48）

[盛りつけ]
深皿 b（p.69、74）

作り方

1. 牛肉を細かく切る。

2. UVレジンに着色剤とシーナリーパウダーを混ぜ、1の肉も加えてミートソースを作る。
   着色剤は様子を見ながら少しずつ加えてください。混ぜながら好みの色に仕上げたら、シーナリーパウダーを加え、独特なざらつきを表現します。

3. p.36の要領でパスタを作って皿にのせ、表面にニスを塗る。
   ミートソースをのせない部分にニスを塗り、少しツヤを出します。

4. パスタの上に2のソースをのせ、パセリ、粉チーズをかけ、UVライトにあててかためる。

カルボナーラ … p.30

材料

樹脂粘土（**グレイス**）

アクリル絵具（**リキテックス ソフトタイプ**）
〈イエローオキサイド〉
〈カドミウムイエローディープヒュー〉
〈ビビッドレッドオレンジ〉

ベビーパウダー

[ソース]
UVレジン（**太陽の雫 ハードタイプ**）
UVレジン用着色剤（**宝石の雫**）
〈イエロー〉〈ホワイト〉

[パーツ]
ベーコン（p.24 ロールキャベツ参照）
黒こしょう（p.48）

[盛りつけ]
深皿 b（p.69、74）

準備

[黄身]
p.10の要領で粘土をアクリル絵具〈カドミウムイエローディープヒュー〉、〈ビビッドレッドオレンジ〉で黄色に着色。

作り方

1　UVレジンに着色剤を混ぜ、カルボナーラソースを作る。
　着色剤は様子を見ながら少しずつ加えてください。混ぜながら好みの色に仕上げます。

2　p.36の要領でパスタを作って皿にのせ、1のソースを薄くかける。

3　楊枝などでパスタを広げながら、全体にソースが行き渡るようにあえ、形を整える。UVライトにあててかためる。
　硬化不良の原因となるので、パスタの裏側などライトがあたらない部分にはソースを広げないように注意。

4　小さく切ったベーコンをのせ、ソースを薄くかけてあえ、UVライトにあててかためる。これを3〜5回くり返す。黒こしょうをかける。

5　黄色に着色した粘土で直径約5mmの丸玉を作り、少しつぶして中央にのせる。

6　5の粘土にUVレジンをかけ、UVライトにあててかためる。

PART
3

洋食に合わせる
サラダ＆スープ

シーザーサラダやポテトサラダ、コーンスープなど、
洋食によく合うサラダとスープを紹介します。
単品でもかわいいですが、おかずやライスと一緒に並べて
定食を作るのも楽しいです。
サラダは野菜パーツを組み合わせて
自分好みにアレンジしてみてください。

シーザーサラダ
グリーンサラダ

レタスやトマト、ブロッコリーなどいろいろな野菜パーツを組み合わせた2種のサラダ。
シャキシャキとしたみずみずしい食感をイメージしながら作ってみてください。

→ 作り方 p.43

ポテトサラダ
マカロニサラダ
コールスロー

メイン料理に添えるイメージで作った定番のミニサラダです。
野菜パーツが細かくなりますが、1つ1つ丁寧に作ることで全体の仕上がりが変わります。

→ 作り方 p.43、44

コーンスープ　ミネストローネ

クルトンやパセリをのせたコーンスープと、具だくさんのミネストローネ。
UVレジンは一度に注ぐと硬化に時間がかかるので、最初にかさ増ししておくのがポイントです。

→ 作り方 p.45

シーザーサラダ …p.40

材料

[パーツ]

ロメインレタス、レタス (p.46)

ベーコン (p.24 ロールキャベツ参照)

クルトン、粉チーズ、黒こしょう (p.48)

[マヨネーズ]

UVレジン (**太陽の雫 ハードタイプ**)

UVレジン用着色剤 (**宝石の雫**)
〈イエロー〉〈ホワイト〉

[盛りつけ] 平皿 d (p.68、75)

作り方

1　UVレジンに着色剤を混ぜ、マヨネーズを作る。
着色剤は様子を見ながら少しずつ加え、混ぜながら好みの色に仕上げます。

2　1に小さく切ったロメインレタスとレタスを加え、からめる。

3　皿に盛りつけ、小さく切ったベーコン、クルトン、粉チーズ、黒しょうをのせ、UVライトにあててかためる。
具はマヨネーズのある所にのせるか、マヨネーズと軽くあえてのせます。

ポテトサラダ …p.41

材料

樹脂粘土 (**グレイス**)

アクリル絵具
(**リキテックス ソフトタイプ**)
〈イエローオキサイド〉

木工用ボンド

[パーツ]

にんじん (p.18 ハンバーグ参照)

きゅうり (p.47)

ロメインレタス (p.46)

コーン (p.21 ミックスベジタブル参照)

[盛りつけ]

ミニボウル (p.69)

接着剤 (**デコプリンセス**)

準備

p.10 の要領で粘土をアクリル絵具〈イエローオキサイド〉で薄い黄色に着色。

作り方

1　着色した粘土で直径約1cmの丸玉を作る。木工用ボンドを加え、粘土ヘラ (**ステンレスモデラ**) で切るようにして混ぜる。

2　小さく切ったにんじん、薄切りにしたきゅうり、コーンを1に加え、混ぜ合わせる。皿に接着剤をつけてロメインレタスを敷き、ポテトサラダをのせ、きゅうりのスライスを添える。

グリーンサラダ
… p.29、p.40

材料

[パーツ]

サニーレタス、レタス (p.46)

せん切りキャベツ (p.46)

アスパラガス (p.46)

きゅうり、トマト (p.47)

ゆで卵の輪切り (p.47)

ブロッコリー (p.48)

[盛りつけ]

サラダボウル (p.73)

接着剤 (**デコプリンセス**)

作り方

各パーツに接着剤をつけながら皿に盛りつける。

マカロニサラダ … p.41

材料

[マカロニ]
樹脂粘土（グレイス）
アクリル絵具
（リキテックス ソフトタイプ）
〈イエローオキサイド〉

[マヨネーズ]
UVレジン
（太陽の雫 ハードタイプ）
UVレジン用着色剤（宝石の雫）
〈イエロー〉〈ホワイト〉
シーナリーパウダー

[パーツ]
にんじん（p.18 ハンバーグ参照）
ベーコン（p.24 ロールキャベツ参照）
きゅうり（p.47）
レタス（p.46）

[盛りつけ]
ミニボウル（p.69）
接着剤（デコプリンセス）

準備

p.10の要領で粘土をアクリル絵具〈イエローオキサイド〉で薄い黄色に着色。

作り方

1 着色した粘土で直径約2mmの丸玉を作る。細い棒状にのばし、安全ピンなどの針を通して穴をあける。

2 1を乾燥させ、カッターで好みの長さに切る。

3 UVレジンに着色剤とシーナリーパウダーを混ぜ、マヨネーズを作る。
着色剤は様子を見ながら少しずつ加えてください。混ぜながら好みの色に仕上げたら、シーナリーパウダーを加え、独特なざらつきを表現します。

4 2のマカロニと、小さく切ったにんじん、ベーコン、きゅうりを3に加え、混ぜ合わせる。皿に接着剤をつけてレタスを敷き、マカロニサラダをのせ、UVライトにあててかためる。

コールスロー … p.41

材料

[パーツ]
せん切りキャベツ（p.46）
にんじん（p.18 ハンバーグ参照）
きゅうり（p.47）
コーン（p.21 ミックスベジタブル参照）

[マヨネーズ]
UVレジン（太陽の雫 ハードタイプ）
UVレジン用着色剤（宝石の雫）
〈イエロー〉〈ホワイト〉

[盛りつけ]
ミニボウル（p.69）

作り方

1 UVレジンに着色剤を混ぜ、マヨネーズを作る。
着色剤は様子を見ながら少しずつ加え、好みの色に仕上げます。

2 せん切りにしたにんじんときゅうり、キャベツ、コーンを1に加え、混ぜ合わせる。皿に盛りつけ、UVライトにあててかためる。

コーンスープ … p.42

材料

[スープ]
UVレジン
（**太陽の雫 ハードタイプ**）
UVレジン用着色剤（**宝石の雫**）
〈イエロー〉〈ホワイト〉

[パーツ]
クルトン（p.48）、パセリ（p.48）

[盛りつけ]
カップ、ソーサー（p.69）

作り方

1　UVレジンに着色剤を混ぜ、コーンスープを作る。
着色剤は様子を見ながら少しずつ加え、好みの色に仕上げます。

2　カップの半分くらいまで無着色のUVレジンを注ぎ、UVライトにあててかためる。
UVレジンを一度に注ぐと硬化不良の原因になるので、かさ増しをしておきます。

3　1のコーンスープを2〜3回に分けて注ぎ、UVライトにあててかためる。

4　最後に注いだスープの上にクルトン、パセリをのせ、UVライトにあててかためる。

ミネストローネ … p.42

材料

[スープ]
UVレジン（**太陽の雫 ハードタイプ**）
UVレジン用着色剤（**宝石の雫**）
〈レッド〉〈オレンジ〉
シーナリーパウダー

[パーツ]
ベーコン（p.24 ロールキャベツ参照）
にんじん（p.18 ハンバーグ参照）
トマト（p.47）、パセリ（p.48）

[盛りつけ]
カップ、ソーサー（p.69）

作り方

1　UVレジンに着色剤とシーナリーパウダーを混ぜ、トマトスープを作る。
着色剤は様子を見ながら少しずつ加えてください。混ぜながら好みの色に仕上げたら、シーナリーパウダーを加え、独特なざらつきを表現します。

2　コーンスープの作り方2と同様にカップの半分くらいまで無着色のレジンを注ぎ、UVライトにあててかためる。小さく切ったトマト、ベーコン、にんじんを入れて1のスープを2〜3回に分けて注ぎ、UVライトにあててかためる。最後に注いだスープの上にパセリをのせ、UVライトにあててかためる。

野菜パーツの作り方

ロメインレタス

材料
樹脂粘土（**グレイス**）

アクリル絵具（**リキテックス ソフトタイプ**）
〈イエローオキサイド〉
〈パーマネントグリーンライト〉
〈パーマネントサップグリーン〉

カラー粘土（**グレイスカラー ホワイト**）

準備 p.10の要領で粘土をアクリル絵具〈イエローオキサイド〉、〈パーマネントグリーンライト〉で黄緑に着色。

1　**作り方**　着色した粘土で直径5〜6mmの丸玉を作り、プレス器でつぶす。

2　カラー粘土（**グレイスカラー ホワイト**）で直径約4mmの丸玉を作って俵型にし、1の下部中央にのせる。

3　粘土ヘラ（**ステンレスモデラ**）で白い粘土をのばしてなじませながら、しわを寄せて薄く広げる。
のばしながら下部が細くなるように形を整えます。

4　粘土ヘラ（**ステンレスモデラ**）で上部の縁を切るようにしてギザギザに荒らし、乾燥させる。

5　アクリル絵具〈パーマネントグリーンライト〉、〈パーマネントサップグリーン〉を塗る。
白い部分は残し、黄緑の粘土に色を塗ります。きれいに2色を混ぜ合わせるのではなく、筆に交互につけながらラフに塗るのがコツ。

レタス

材料
樹脂粘土（**グレイス**）

アクリル絵具（**リキテックス ソフトタイプ**）
〈イエローオキサイド〉
〈パーマネントグリーンライト〉

準備 p.10の要領で粘土をアクリル絵具〈イエローオキサイド〉、〈パーマネントグリーンライト〉で黄緑に着色。

作り方　着色した粘土で直径5〜6mmの丸玉を作り、プレス器でつぶす。粘土ヘラ（**ステンレスモデラ**）でしわを寄せながら薄く広げ、形を整える。

サニーレタス

材料
樹脂粘土（**グレイス**）

アクリル絵具（**リキテックス ソフトタイプ**）
〈イエローオキサイド〉
〈パーマネントグリーンライト〉
〈カドミウムレッドミディアム〉
〈ウルトラマリンブルー〉

準備 p.10の要領で粘土をアクリル絵具〈イエローオキサイド〉、〈パーマネントグリーンライト〉で黄緑に着色。

1　**作り方**　着色した粘土で直径5〜6mmの丸玉を作り、プレス器でつぶす。粘土ヘラ（**ステンレスモデラ**）でしわを寄せながら薄く広げ、縁を切るようにしてギザギザに荒らす。

2　乾燥させたら、アクリル絵具〈カドミウムレッドミディアム〉、〈ウルトラマリンブルー〉を塗る。
下は色をつけず、上から下に向かって線を描くように塗ります。きれいに2色を混ぜ合わせるのではなく、筆に交互につけながらラフに塗るのがコツ。

せん切りキャベツ

材料
樹脂粘土（**グレイス**）

アクリル絵具（**リキテックス ソフトタイプ**）
〈イエローオキサイド〉
〈パーマネントグリーンライト〉

準備 p.10の要領で粘土をアクリル絵具〈イエローオキサイド〉、〈パーマネントグリーンライト〉で黄緑に着色。

作り方　着色した粘土で直径5〜6mmの丸玉を作り、プレス器でつぶす。粘土ヘラ（**ステンレスモデラ**）で薄く広げ、乾燥させたらはさみで細く切る。

アスパラガス

材料
樹脂粘土（**グレイス**）

カラー粘土（**グレイスカラー グリーン**）

準備 p.10の要領で粘土とカラー粘土を混ぜて（**グレイス**直径1cm＋**グレイスカラー グリーン**直径5mm）黄緑に着色。

1　**作り方**　着色した粘土で直径約5mmの丸玉を作る。2.5cm長さの棒状にのばし、10分ほどおいて少し乾燥させる。
均一の太さにせず、片側が太くなるようにのばします。完全に乾燥させると、はさみで切れなくなるので注意。

2　太い方の先端にはさみで切り込みを入れ、アスパラの穂先を作る。
先端が細い粘土用のはさみを使用。少しずらしながら、V字に2ヵ所ずつ切り込みを入れます。

3　カッターで切り、好みの長さにする。

トマト

材料
樹脂粘土（**グレイス**）
アクリル絵具（**リキテックス ソフトタイプ**）
〈カドミウムレッドミディアム〉
〈イエローオキサイド〉
UVレジン（**太陽の雫 ハードタイプ**）
UVレジン用着色剤（**宝石の雫**）
〈イエロー〉〈グリーン〉〈レッド〉

準備 p.10の要領で粘土を着色する。
実：アクリル絵具〈カドミウムレッドミディアム〉で赤に着色。**種**：アクリル絵具〈イエローオキサイド〉で薄い黄色に着色。

1
作り方 赤に着色した粘土で、直径4〜5mmの丸玉を作り、指でつまんでくし形に整える。

2
粘土ヘラ（**ステンレスモデラ**）で押さえ、内側にくぼみを作る。

3
薄い黄色に着色した粘土で直径約1mmの丸玉を作り、細長い棒状にのばす。乾燥させ、カッターで細かく切って種を作る。

4
UVレジンにイエローとグリーンの着色剤を混ぜて薄い黄緑に着色し、**2**のくぼみの中に入れる。
フックに強力両面テープを巻きつけた台（p.71の作り方7）の上に固定させると作業しやすいです。

5
3の種を中に入れ、UVライトにあててかためる。

6
UVレジンにレッドの着色剤を混ぜて赤に着色し、外側の皮の部分に塗り、UVライトにあててかためる。

きゅうり

材料
樹脂粘土（**グレイス**）
アクリル絵具（**リキテックス ソフトタイプ**）
〈トランスペアレントローシェンナ〉
〈パーマネントサップグリーン〉

準備 p.10の要領で粘土をアクリル絵具〈トランスペアレントローシェンナ〉で薄い黄色に着色。

1
作り方 着色した粘土で直径約1.3cmの丸玉を作り、6cm長さの棒状にのばし、乾燥させる。

2
アクリル絵具〈パーマネントサップグリーン〉を塗る。
線を描くようにアバウトに塗ります。

3
絵具が乾いたら、カッターで好みの大きさに切る。

ゆで卵の輪切り

材料
樹脂粘土（**グレイス**）
アクリル絵具（**リキテックス ソフトタイプ**）
〈カドミウムイエローディープヒュー〉
〈ビビッドレッドオレンジ〉
〈チタニウムホワイト〉

準備 p.10の要領で粘土を着色する。
黄身：アクリル絵具〈カドミウムイエローディープヒュー〉、〈ビビッドレッドオレンジ〉で黄色に着色。**白身**：アクリル絵具〈チタニウムホワイト〉で白に着色。

作り方 黄色に着色した粘土で直径約1cmの丸玉を作り、3.5cm長さの棒状にして乾燥させる。白の粘土で直径約1.5cmの丸玉を作り、約4cm幅にのばし、四方を切って長方形にする。中央に黄色の粘土をのせてしっかり包み、つなぎ目を指でなじませる。乾燥させ、カッターで輪切りにする。

ブロッコリー

材料
樹脂粘土（**グレイス**）
アクリル絵具
（**リキテックス ソフトタイプ**）
〈イエローオキサイド〉、
〈パーマネントグリーンライト〉
〈パーマネントサップグリーン〉
木工用ボンド

準備 p.10の要領で粘土をアクリル絵具〈イエローオキサイド〉、〈パーマネントグリーンライト〉で黄緑に着色。

1

2

作り方 着色した粘土で直径4〜5mmの丸玉を作り、2.5cm長さの棒状にのばす。10分ほどおいて少し乾燥させる。
完全に乾燥させると、はさみで切れなくなるので注意。

はさみで縦に3ヵ所切り込みを入れ、茎を作る。乾燥させて短く切る。
先端が細い粘土用のはさみを使用。

3

4

5

着色した粘土を適当な大きさに丸め、茶こしに押しあてる。網目から出てきた粘土を粘土ヘラ（**ステンレスモデラ**）で少しすくい取る。

2に木工用ボンドを塗り、3の粘土を貼りつける。同様にくり返し、3つに分かれた茎にそれぞれ房をつける。

アクリル絵具〈パーマネントサップグリーン〉で房の部分に色をつける。

トッピングパーツの作り方

パセリ

黒こしょう

粉チーズ

クルトン

材料
樹脂粘土（**グレイス**）
カラー粘土
（**グレイスカラー グリーン、ブラウン**）
アクリル絵具
（**リキテックス ソフトタイプ**）
〈イエローオキサイド〉
〈ローシェンナ〉

準備〈粉チーズ、クルトン〉
p.10の要領で粘土をアクリル絵具〈イエローオキサイド〉で薄い黄色に着色。

パセリ、黒こしょう、粉チーズ

作り方 パセリはグリーン、黒こしょうはブラウンのカラー粘土（**グレイスカラー**）、粉チーズは着色した粘土を適当な大きさに丸めて平らにつぶし、乾燥させる。粘土ヘラ（**ステンレスモデラ**）やカッターで細かく削る。

クルトン

作り方 着色した粘土で直径約1cmの丸玉を作る。平らにつぶし、乾燥させる。両面にアクリル絵具〈ローシェンナ〉を塗る。絵具が乾いたらカッターで切り、断面を削って荒らし、小さく切る。

PART
4

食後のデザート

プリンアラモード、チーズケーキ、クリームソーダなど
喫茶店で出てくるような、ちょっとレトロなデザート。
ミニチュアになるとかわいさ倍増です。
プリンやゼリーのぷるんとした柔らかい質感は
UVレジンを使って表現します。
フルーツやクリームのデコレーションも楽しい。

PUDDING A LA MODE

プリンアラモード

プリンとフルーツなどを盛り合わせた、ちょっとレトロなデザートです。
ゼリーはいちごとメロンを作り、合わせるフルーツを変えた2種の盛りつけ。

→ 作り方 p.55

制作：田中章子

コーヒーゼリー

シンプルなコーヒーゼリー。生クリームをかけたり、クリームやフルーツを飾ったり、
バニラアイスやウエハースをのせたり、好きなトッピングをお楽しみください。

→ 作り方 p.57

制作：田中寛子

チーズケーキ

レアチーズケーキはクッキー生地とケーキ部分の層を作り、ブルーベリーソースをかけました。
ベイクドチーズケーキは絵具で焼き色をつけ、ベビーパウダーをまぶして素朴な雰囲気に。

→ 作り方 p.58

制作：白川智子

モンブラン

いちご、栗、マロングラッセをトッピングした、ボリューミーな3種のモンブランです。
パスタ (p.36) と同じ道具を使って粘土を細長く絞り出し、モンブランクリームを作ります。

→ 作り方 p.60

制作：及川聖子

COLD DRINK

ドリンク

メロンクリームソーダ、レモンスカッシュ、オレンジジュース、ミルクセーキの4種。
UVレジンを着色してグラスに注ぐだけだから手軽です。氷もUVレジンで作れます。

→ 作り方 p.62

制作：關本磨央

プリンアラモード

… p.50

材料

樹脂粘土(**モデナ**)
プラスチック粘土(**おゆまる**)〈クリア〉
UVレジン(**太陽の雫 グミータイプ**)
UVレジン用着色剤(**宝石の雫**)
〈オレンジ〉〈イエロー〉〈イエローグリーン〉
〈ブラウン〉〈ホワイト〉〈レッド〉

[パーツ]

さくらんぼ (p.64)
いちご (p.64)
キウイ (p.65)
ブルーベリー (p.66)
黄桃 (p.67)
バナナ (p.67)

[盛りつけ]

パフェグラス (p.68)
UVレジン(**太陽の雫 ハードタイプ**)
ホイップクリーム用粘土
(**クリーミィホイップ ミルク**)

作り方

プリンの型

1 粘土(**モデナ**)を直径1.5cmに丸め、プレス器などで直径2cmにのばす。彫刻刀の丸刀(小の刃を使用)で花形になるようにくり抜く。

2 粘土ヘラで形を整え、角をきちんと出してプリンの形に仕上げる。乾燥させる。

3 **おゆまる**1個半を湯につけ、柔らかくなったら丸め、プレス器で直径約4cmにのばす。

4 2を3の中央にしっかりと埋め込む。かたまったら2を取り外す。
おゆまるは冷えるとかたまります。

プリン

1 UVレジン(グミータイプ)に着色剤を混ぜ、カラメルソース(ブラウンとオレンジを2:1の割合)とプリン(オレンジとイエローとホワイトを1:1:2の割合)の色を作る。
着色剤は様子を見ながら少しずつ加え、好みの色に仕上げます。着色剤を入れすぎると、かたまりにくいので注意。

2 プリンの型にカラメルソース色に着色したUVレジンを少し注ぎ、UVライトにあててかためる。

3 2にプリン色に着色したUVレジンを注ぎ、UVライトにあててかためる。

4 型から取り出し、表面にカラメルソース色のUVレジンを塗り、UVライトにあててかためる。
仕上げにカラメルソースを塗ることで、つやを出します。

ゼリー

1. UVレジン（グミータイプ）に着色剤を混ぜ（いちごゼリーはレッド、メロンゼリーはイエロー＋イエローグリーン）、ゼリーを作る。小皿に薄く（2〜3mm高さ）注ぎ、UVライトにあててかためる。

2. はさみで小さく角切りにする。

盛りつけ

1. UVレジン（ハードタイプ）をホワイトで着色し、パフェグラスの半分弱まで入れ、UVライトにあててかためる。

   白く着色したUVレジンはミルクゼリーをイメージ。底上げの役割も兼ねています。

2. 1にUVレジン（ハードタイプ）を少し入れ、ゼリーをのせる。ゼリーの真ん中にもUVレジンを少々たらし、UVライトにあててかためる。

   UVレジンが接着剤の役目に。ゼリー同士がバラバラにならないように上にも少したらします。

3. 2の上全体に**クリーミィホイップ**を絞る。

4. プリンをのせ、横に**クリーミィホイップ**をソフトクリームのように絞る。

5. それぞれパーツを盛りつける。プリンの上に**クリーミィホイップ**を絞り、さくらんぼをのせる。半分に切ったいちご、ゼリー、キウイ、バナナ、角切りにした黄桃、ブルーベリーをのせる。

モデナ（パジコ）
キメが細かく、透明感がある樹脂粘土。かっちりとしたハードな質感に仕上がる。

おゆまる（ヒノデワシ）
80℃以上の湯につけると柔らかくなり、好きな形が作れるプラスチック粘土。冷えるとかたまるが、湯で温めると何度でも使える。さまざまな色があり、ここではクリアを使用。

彫刻刀（丸刀）
彫刻や版画などに使われる刃物。丸刀は刃がU字型に丸まっているもの。

コーヒーゼリー

… p.51

材料

UVレジン(**太陽の雫 グミータイプ**)

UVレジン用着色剤(**NRクリアカラー**)
〈マゼンタ〉〈オレンジ〉
〈レモンイエロー〉〈ブルー〉

UVレジン用着色剤(**宝石の雫**)
〈ホワイト〉

[ウエハース]
樹脂粘土(**グレイス**)
カラー粘土(**グレイスカラー　きつね色**)
シリコーン型取り材
(**シリコーンモールドメーカー**)

[パーツ]
さくらんぼ(p.64)
バニラアイス(p.66)

[盛りつけ]
パフェグラス(p.68)
木工用ボンド
ホイップクリーム用粘土
(**クリーミィホイップ　ミルク**)

準備

[ウエハース]
p.10の要領で粘土とカラー粘土を混ぜて(**グレイス**直径約1.3cm＋**グレイスカラー　きつね色**直径約4㎟)薄い黄色に着色。

作り方

1　UVレジン着色剤を混ぜて(マゼンタとレモンイエローとブルーとオレンジを1：1弱：1：2の割合)コーヒーゼリーの色を作り、UVレジンに少しずつ加えて着色する。

着色剤は様子を見ながら少しずつ加え、好みの色に仕上げます。濃いと透明感がなくなるので、見た目は少し薄いくらいでOK。

2　パフェグラスに1を注ぎ、UVライトにあててかためる。コーヒーゼリーの完成。

3　生クリームはUVレジンにホワイトの着色剤を混ぜて着色。ゼリーの上にかけてUVライトにあててかためる。

4　(上)**クリーミィホイップ**を絞り、さくらんぼをのせる。(下)バニラアイスを木工用ボンドで貼りつけ、上に**クリーミィホイップ**を絞ってさくらんぼをのせ、ウエハースを差す。

ウエハース

1　説明書の指示に従ってシリコーン型取り材(**シリコンモールドメーカー**)の2材を混ぜ、プレス器で直径3cmにのばす。カッターの裏で格子状になるように線を入れる(写真は横線と斜め45度線)。

等間隔に線を引いた紙をクリアファイルに挟んで下に置くと、きれいな線が描けます。

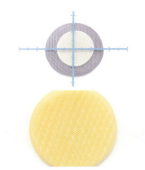

2　着色した粘土で直径1cmの丸玉を作り、プレス器で直径2cmにのばす。1の上にのせ、プレス器で押さえて柄をつける。

3　乾燥させたら、カッターで8等分に切る。

チーズケーキ …p.52

材料

[ベイクドチーズケーキ]

軽量樹脂粘土（**グレイス ライト**）

カラー粘土（**グレイスカラー きつね色**）

アクリル絵具（**リキテックス ソフトタイプ**）
〈トランスペアレントローシェンナ〉
〈チタニウムホワイト〉

ベビーパウダー

ホイップクリーム用粘土
（**クリーミィホイップ ミルク**）

[レアチーズケーキ]

樹脂粘土（**グレイス**）

樹脂粘土（**コスモス**）

カラー粘土
（**グレイスカラー ブラウン、ホワイト、きつね色**）

アクリル絵具（**リキテックス ソフトタイプ**）
〈プリズムバイオレット〉
〈アイボリーブラック〉

接着剤（**スーパーXゴールドクリア**）

[パーツ]

いちご (p.64)

ブルーベリー (p.66)

ミント (p.67)

[盛りつけ]

平皿 b (p.68、75)、接着剤（**デコプリンセス**）

できあがりサイズ

約2.5cm（チーズケーキ）

準備

p.10の要領で粘土を着色する。

[ベイクドチーズケーキ]

粘土とカラー粘土を混ぜて（**グレイス ライト**直径約2.6cm＋**グレイスカラー きつね色**直径約8mm）薄い黄色に着色。

[レアチーズケーキ]

クッキー生地：粘土とカラー粘土を混ぜて（**コスモス**直径約1.5cm＋**グレイスカラー きつね色**直径約4mm＋**グレイスカラー ブラウン**直径約4mm）茶色に着色。

ケーキ：粘土とカラー粘土を混ぜて（**グレイス**直径約2.8cm＋**グレイスカラー きつね色**直径約3mm＋**グレイスカラー ホワイト**直径約1.3cm）オフホワイトに着色。

作り方

[ベイクドチーズケーキ]

1 着色した粘土をプレス器で直径約3.8cmにのばす。

2 真ん中を指で押さえ、少しへこませる。

3 抜き型（直径約3.2cm）をねじるようにして入れ、丸くくりぬく。
一気に型を入れると上にふくらみが出てしまうので、最初はねじりながら入れる。型から出すときは、中に息をふきこむと取りやすいです（指を使うとあとがつくので）。

4 二等辺三角形になるようにカッターで切る。
くっつかないようにカッターにベビーオイルを塗り、ガイドラインを描いた紙をクリアファイルに挟んで下に敷くと切りやすいです。

5 表面と側面に歯ブラシをあてて質感をつける。短辺の縁は角に丸みが出るように整える。

6 表面と側面にアクリル絵具〈トランスペアレントローシェンナ〉を塗り、焼き色をつける。
濃淡をつけて色ムラを作るとリアルな仕上がりに。側面は上下を少し濃いめにします。

グレイス ライト
（日清アソシエイツ）
樹脂粘土をベースにした軽量粘土。弾力性があり、キメが細かい。

 コスモス
（日清アソシエイツ）
マットな白さの樹脂粘土。強度に優れている。

 抜き型（丸）
クッキー作りなどに使う丸い抜き型。本書では直径 約2.2cm、約3.2cmを使用。

レアチーズケーキ

7 ベビーパウダーとアクリル絵具〈チタニウムホワイト〉を混ぜ、表面にたたきつける。
ベビーパウダーで粉砂糖を表現。白い絵具を混ぜることで接着します。

8 皿に接着剤をつけてチーズケーキを貼りつける。**クリーミィホイップ**を絞り、半分に切ったいちご、ミントを盛りつける。

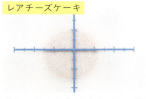

1 茶色に着色した粘土をプレス器で直径約4.5cmにのばす。
粘土がくっつきやすいのでオーブンシートを挟むとよいでしょう。

2 オフホワイトに着色した粘土をプレス器で直径約3.8cmにのばす。ベイクドチーズケーキの作り方3～4と同様に二等辺三角形を作る。1の上にのせ、形に合わせてカッターで切る。

3 茶色の粘土を楊枝で引っかき、クッキー生地の質感をつける。
質感をつけながら、オフホワイトの粘土と密着するように隙間を埋めます。

4 先端がまっすぐにならなかった場合は、カッターで切り、先端をつまんで整える。

5 接着剤（**スーパーXゴールドクリア**）にアクリル絵具〈プリズムバイオレット〉、〈アイボリーブラック〉を混ぜ、ブルーベリーソースを作る。

6 皿に接着剤をつけてチーズケーキを貼りつける。5のソースをかけ、ブルーベリー、ミントを盛りつける。

モンブラン …p.53

材料
樹脂粘土（**コスモス**）
樹脂粘土
（**グレイス ジュエリーライン**）
カラー粘土
（**グレイスカラー ブラウン、きつね色**）
デコレーション用塗料
（**トッピングの達人 粉砂糖**）
ホイップクリーム用粘土
（**クリーミィホイップ ミルク**）

いちごモンブラン
カラー粘土（**グレイスカラー ホワイト、ピンク**）
砂絵用の砂（赤）、いちご（p.64）

栗、マロングラッセ
樹脂粘土（**グレイス**）

盛りつけ
平皿 d（p.68）
ワックスペーパー
ケーキの大きさに合わせてペーパーを切り、下を包んで皿にのせる。

準備
p.10の要領で粘土を着色する。

共通
クッキー生地：粘土とカラー粘土を混ぜて（コスモス直径約1.5cm＋グレイスカラー きつね色直径約6mm＋グレイスカラー ブラウン直径6mm）茶色に着色。

黄色いモンブラン
クリーム、土台：粘土とカラー粘土を混ぜて（グレイス ジュエリーライン直径約2.3cm＋グレイスカラー きつね色直径約7mm）薄い黄土色に着色。
栗：粘土とカラー粘土を混ぜて（グレイス直径約1cm＋グレイスカラー きつね色直径約4mm）黄色に着色。

ピンクのモンブラン
クリーム、土台：粘土とカラー粘土を混ぜて（グレイス ジュエリーライン直径約2.3cm＋グレイスカラー ピンク直径約6mm＋グレイスカラー ホワイト直径約1.3cm）薄いピンクに着色。

茶色のモンブラン
クリーム、土台：粘土とカラー粘土を混ぜて（グレイス ジュエリーライン直径約2.3cm＋グレイスカラー きつね色直径約1cm＋グレイスカラー ブラウン直径約8mm）茶色に着色。
マロングラッセ：粘土とカラー粘土を混ぜて（グレイス直径約8mm＋グレイスカラー ブラウン直径約4mm）茶色に着色。

作り方

黄色いモンブラン

1 茶色に着色した粘土をプレス器で直径3cmにのばす。
粘土がくっつきやすいのでオーブンシートを挟むとよいでしょう。

2 抜き型（直径約2.2cm）でくりぬく。クッキー生地の完成。

3 薄い黄土色に着色した粘土から土台用に直径1.5cmを取り、楕円のドーム状に整える。

4 2のクッキー生地の上に3のドーム状の粘土をのせて貼り合わせる。

5 薄い黄土色に着色した粘土の残りを1mmのチップをつけたクレイガン（p.36）に詰め、絞り出す。

6 太い束と細い束に分ける。

7 6の細い束を4の土台の根元に1周巻きつける。粘土ヘラで巻き終わりをなじませ、余分な粘土ははさみで切る。

8 6の太い束を7の上にのせ、適当な長さに切りながら土台を覆うまでくり返す。

9 カーブに沿って余分な粘土をはさみで切り、粘土ヘラで先端をクッキー生地（茶色の粘土）の上部に入れ込む。

10 **トッピングの達人 粉砂糖**を表面に指でたたきつける。

11 栗を作る。着色した粘土で直径約7mmの丸玉を作る。少しつぶして先端を尖らせ、形を整える。乾燥させる。

12 デザインナイフで表面をランダムに薄く削り、栗の皮をむいた感じを表現する。

13 **クリーミィホイップ**をセロハンで作ったコルネに入れて10の上に絞り、12の栗をのせる。

いちごのモンブラン

黄色いモンブランの作り方1〜10と同様に作る。3、5は薄いピンクに着色した粘土を使用。

5で着色した粘土に赤い砂を混ぜてからヘアメーカーで絞り出す。

クリーミィホイップを絞り、半分に切ったいちごをのせる。

茶色いモンブラン

黄色いモンブランの作り方1〜10と同様に作る。3、5は茶色に着色した粘土を使用。

マロングラッセを作る。着色した粘土で直径約7mmの丸玉を作る。少しつぶして先端を尖らせ、形を整える。粘土ヘラで先端に向かってランダムに細かく筋を入れる。

クリーミィホイップを絞り、マロングラッセをのせる。

トッピングの達人 粉砂糖
（タミヤ）
白い大理石粉末を配合したペースト状の塗料。リアルな粉砂糖が表現できる。

砂絵用の砂（赤）
色つきの砂。
いちごの粒感を表現するため粘土に混ぜる。

ドリンク
… p.54

4 アクリル絵具〈チタニウムホワイト〉で**3**の筋に沿って白い線を描く。

5 **デコレーションカラー**〈オレンジシロップ〉(〈レモンの場合は〈レモンシロップ〉)にアクリル絵具〈チタニウムホワイト〉を混ぜ、側面に色を塗る。

材料

UVレジン（**太陽の雫 ハードタイプ**）
UVレジン用着色剤（**NRクリアカラー**）
〈オレンジ〉〈レモンイエロー〉〈ブルー〉
UVレジン用着色剤（**宝石の雫**）
〈ホワイト〉

オレンジ、レモン

粘土（**すけるくん**）
アクリル塗料（**デコレーションカラー**）
〈オレンジシロップ〉〈レモンシロップ〉
アクリル絵具（**リキテックス ソフトタイプ**）
〈チタニウムホワイト〉

ミルクセーキ

ガラスビーズ、さくらんぼ (p.64)

メロンクリームソーダ

さくらんぼ (p.64)、バニラアイス (p.66)

盛りつけ

グラス (p.68)、接着剤（**デコプリンセス**）
ストロー

準備
p.10の要領で粘土を着色する。
すけるくんは乾燥すると色が濃くなるので注意。イメージより薄めに仕上げます。

オレンジ

デコレーションカラー〈オレンジシロップ〉でオレンジに着色。

レモン

デコレーションカラー〈レモンシロップ〉で黄色に着色。

作り方

オレンジ、レモン

1 着色した粘土で直径7mmの丸玉を作り、定規などで直径約1.2cmにのばす。
粘土がくっつきやすいのでオーブンシートを挟むとよいでしょう。

2 先端を少しつぶしたコスメ用注射器を押しあて、実の粒の部分を描く。

3 カッターの裏で4本の筋をつけ、乾燥させる。

6 グラスに差し込むときは、カッターで少し切り込みを入れる。

氷

UVレジンを氷の型（p.70 ソーダグラス＆氷）に流しこみ、UVライトにあててかため、取り出す。

すけるくん
（アイボン産業）

透明度が高くて柔軟性がある粘土。フルーツの透明感とみずみずしさを表現。

メロンクリームソーダ

1 UVレジンに着色剤（ブルー＋レモンイエロー）を混ぜ、メロンソーダの色を作る。楊枝で空気を含ませるようにしっかり混ぜる。
着色剤は様子を見ながら少しずつ加え、好みの色に仕上げます。濃いと透明感がなくなり、かたまりにくくなるので入れすぎに注意。

2 グラスに氷3個を入れて1を注ぐ。バニラアイスをのせてストローを差し、UVライトにあててかためる。接着剤でさくらんぼをつける。

レモンスカッシュ

1 UVレジンに着色剤（レモンイエロー＋ホワイト）を混ぜ、レモンスカッシュの色を作る。楊枝で空気を含ませるようにしっかり混ぜる。
着色剤は様子を見ながら少しずつ加え、好みの色に仕上げます。濃いと透明感がなくなり、かたまりにくくなるので入れすぎに注意。

2 グラスにレモン2枚を入れて1を注ぐ。氷をのせてストローを差し、UVライトにあててかためる。切り込みを入れたレモンをグラスに差し込む。

オレンジジュース

1 UVレジンに着色剤（レモンイエロー＋オレンジ＋ホワイト）を混ぜ、オレンジジュースの色を作る。楊枝で空気を含ませるようにしっかり混ぜる。
着色剤は様子を見ながら少しずつ加え、好みの色に仕上げます。濃いと透明感がなくなり、かたまりにくくなるので入れすぎに注意。

2 グラスに氷2個を入れて1を注ぐ。気泡があったら楊枝で取り除く。
あとで氷を加えるので、グラスの8分目くらいまで注ぎます。

3 氷を1〜2個のせ、ストローを差し、UVライトにあててかためる。

4 切り込みを入れたオレンジをグラスに差し込む。

ミルクセーキ

1 UVレジンに着色剤（ホワイト＋レモンイエロー＋オレンジ）を混ぜ、ミルクセーキの色を作る。
着色剤は様子を見ながら少しずつ加え、好みの色に仕上げます。濃いと透明感がなくなり、かたまりにくくなるので入れすぎに注意。

2 ガラスビーズをふたつまみほど加えて混ぜ、UVライトに3秒くらいあて、とろりとさせる。
ガラスビーズを混ぜることでミルクセーキの質感を表現。少しとろみをつけて一体感を出します。

3 2をグラスに注ぐ。ガラスビーズが分離していたら楊枝で底からかき混ぜる。

4 さくらんぼをのせてストローを差し、UVライトにあててかためる。

ガラスビーズ ガラス製のビーズ。ここでは直径約1mmの透明タイプを使用。

ストロー ここでは直径約2mmのものを好きな長さにカットして使用。

コスメ用注射器 100円均一ショップなどで購入できる化粧品用のスポイト。先端を少しつぶして使用。

フルーツパーツの作り方

いちご

材料

樹脂粘土（**グレイス**）
アクリル塗料（**デコレーションカラー**）
〈いちごシロップ〉

作り方

1 粘土で直径約8mmの丸玉を作り、楊枝に刺す。指で先端をつまみ、いちごの形を作る。
プリンアラモード（p.55）のいちごは分量よりも少し小さく作ります。

2 楊枝を刺して穴をあけ、種の模様を描く。乾燥させる。

3 **デコレーションカラー**〈いちごシロップ〉を全体に塗る。

4 完成。乾燥したらカッターで好みの大きさに切る。

さくらんぼ

材料

樹脂粘土（**グレイス**）
アクリル塗料（**デコレーションカラー**）
〈レモンシロップ〉
〈いちごシロップ〉
フラワー用のワイヤー
木工用ボンド

作り方

1 粘土で直径約3mmの丸玉を作り、楊枝に刺して乾燥させる。

2 楊枝を刺した方に**デコレーションカラー**〈レモンシロップ〉を塗る。

3 **デコレーションカラー**〈いちごシロップ〉を全体に塗る。乾いたら楊枝を取る。

4 楊枝を刺した方にカットしたフラワー用のワイヤーを木工用ボンドでつける。

キウイ

材料

樹脂粘土（**グレイス**）

粘土（**すけるくん**）

アクリル塗料（**デコレーションカラー**）
〈レモンシロップ〉〈ブルーハワイ〉

アクリル絵具（**リキテックス ソフトタイプ**）
〈チタニウムホワイト〉〈アイボリーブラック〉

準備

p.10の要領で粘土（**すけるくん**）をデコレーションカラー〈レモンシロップ〉、〈ブルーハワイ〉で黄緑に着色。
すけるくんは乾燥すると色が濃くなるので注意。イメージより薄めに仕上げます。

ストロー

粘土をくり抜くときに使用。太いものはタピオカストロー。100円均一ショップなどで購入できる。

作り方

1　着色した粘土で直径約1.5cmの丸玉を作り、プレス器で直径約4cmにのばす。太いストロー（直径約1.5cm）をあて、丸くくりぬく。

2　細いストロー（直径約5mm）をあて、中央をくりぬく。

3　粘土（**グレイス**）にアクリル絵具〈チタニウムホワイト〉を混ぜ、直径約5mmに丸めて**2**の穴に詰める。
無着色のままだと粘土が乾いたときに透明になってしまうので白い粘土を混ぜておきます。詰めたときに粘土が多ければ取り除き、少なければ追加します。

4　粘土ヘラで黄緑の粘土にランダムに筋を入れ、乾燥させる。

5　アクリル絵具〈アイボリーブラック〉を極細の筆につけ、種を描く。

6　**デコレーションカラー**〈レモンシロップ〉、〈ブルーハワイ〉を混ぜて緑を作り、中心から外側に向かって線を描くように色を塗る。

7　種の周りは濃く塗る。

8　完成。乾いたら好みの大きさにカッターで切る。

ブルーベリー

材料
樹脂粘土（グレイス）

カラー粘土
（グレイスカラー レッド、ブルー）

準備
p.10の要領で粘土とカラー粘土を混ぜて（**グレイス**直径約1cm＋**グレイスカラー レッド**直径約8mm＋**ブルー**直径約1cm）紫に着色。

作り方

1. 着色した粘土で直径約4mmの丸玉を作り、楊枝で引っかいて中央にくぼみを作り、乾燥させる。
プリンアラモード(p.55)のブルーベリーは分量よりも少し小さく作ります。

バニラアイス

材料
樹脂粘土（グレイス）

カラー粘土
（グレイスカラー きつね色）

準備
p.10の要領で粘土とカラー粘土を混ぜて（**グレイス**直径約1.3cm＋**グレイスカラー きつね色**直径約3mm）クリーム色に着色。

作り方

1. 着色した粘土で直径約8mmの丸玉を作り、手でちぎってボソボソさせる。

2. 1の粘土を**カラースケール**(p.9)のDのくぼみに詰める。
きれいに入れず、粘土がくぼみの外に少しはみ出るようにします。

3. 粘土をカラースケールから出す。

4. 歯ブラシを表面にあてて質感を出す。

5. 楊枝ではみ出ている粘土をちぎり、底にくっつける。これをくり返し、形を整える。

バナナ

材料
樹脂粘土（グレイスライト）
アクリル絵具
（リキテックス ソフトタイプ）
〈イエローオキサイド〉
〈トランスペアレントバーントアンバー〉

準備
p.10の要領で粘土をアクリル絵具〈イエローオキサイド〉で濃い黄色に着色。

作り方

1 着色した粘土で直径約1.4cmの丸玉を作り、6cm長さの棒状にのばす。粘土ヘラで細かくランダムに筋を入れる。

2 カッターで斜めに薄切りにする。

3 アクリル絵具〈イエローオキサイド〉で放射状に筋を入れ、〈トランスペアレントバーントアンバー〉で種を描く。

黄桃

材料
樹脂粘土（グレイス）
アクリル絵具
（リキテックス ソフトタイプ）
〈ビビッドレッドオレンジ〉
〈カドミウムイエローディープヒュー〉

準備
p.10の要領で粘土をアクリル絵具〈ビビッドレッドオレンジ〉、〈カドミウムイエローディープヒュー〉で濃いオレンジに着色。

作り方

1 着色した粘土で直径約8mmの丸玉を作り、縁をつまんで角を立たせ、両端を曲げてくし形にする。

2 乾燥させ、カッターで好みの大きさに切る。

ミント

材料
樹脂粘土（グレイス）
カラー粘土
（グレイスカラー グリーン、イエロー）

準備
p.10の要領で粘土とカラー粘土を混ぜて（**グレイス**直径約1cm＋**グレイスカラーグリーン**直径約4mm＋**イエロー**直径約6mm）黄緑に着色。

作り方

1 着色した粘土で直径約4mmの丸玉を作り、指で棒状にころがし、平らにつぶして楕円形にする。

2 粘土ヘラで縦に筋を入れ、葉脈を描く。

3 粘土ヘラですくい取り、指にのせる。ヘラを中央にあてて少しへこませ、形を整える。

TABLEWARE

 COLUMN

型を使って食器を手作り

ミニチュア洋食は盛りつけるための食器が必要です。
型を使えば自分で好きな食器を作ることができます。
粘土で陶器風、UVレジンでガラス風の器に。絵具で模様を描いたり、
シールを貼ったり、アレンジ次第でどんどんバリエーションが広がります。

制作協力：小柳律絵

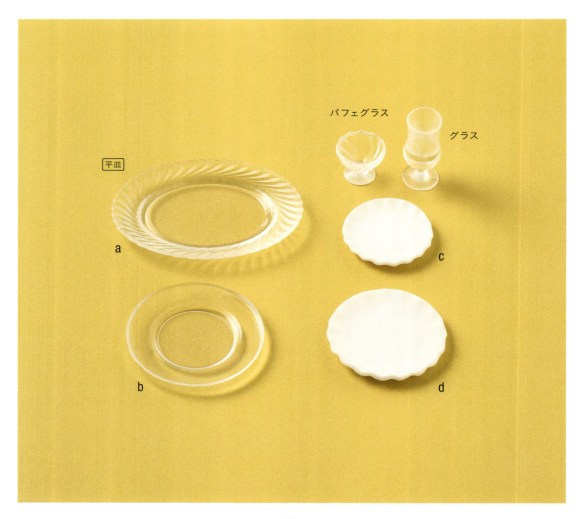

a 平皿　b　c　d　パフェグラス　グラス

本書で使用した型

この本の作品は、
Tableware Collection クレイジュエリー型抜き（日清アソシエイツ）を使用しています（価格は税抜き）。
形は作りたいものに合わせて選んでください。

※型の購入は日清アソシエイツWEBサイト内の特設ページでご確認ください。
http://nisshin-nendo.hobby.life.co.jp/book/1/

平皿a
オーバル皿 立体型
7cm×5cm / 1500円

平皿b
ケーキ皿 立体型（中）
直径5cm / 1300円

平皿c
フリルケーキ皿 立体型（小）
直径4cm / 980円

平皿d
フリルケーキ皿 立体型（中）
直径5cm / 1500円

パフェグラス
デザートグラス 立体型
1.8cm×1.5cm、1.5cm×1.2cm / 1000円
（1.8cm×1.5cmを使用）

グラス
ソーダグラス＆氷 立体型
3.2cm×1.5cm、2.8cm×1.3cm / 1200円
（3.2cm×1.5cmを使用）

深皿a
オーバル深皿 立体型
5.3cm×3.6cm / 1450円

深皿b
丸深皿 立体型
直径5cm / 1600円

グラタン皿
グラタン皿 立体型
5cm×3cm / 1240円

ソーサー
ティーカップソーサー 立体型
直径2.8cm、2.3cm / 1060円
（直径2.8cmを使用）

カップ
ティーカップ 立体型
2.4cm×1.3cm、1.9cm×1.1cm / 1160円
（2.4cm×1.3cmを使用）

ミニボウル
ボウル 立体型
直径2cm、1.2cm / 980円
（サラダには直径2cm、つけ合わせには
直径1.2cmを使用）

基本の作り方A （粘土を使う場合）

グレイス ジュエリーライン
（日清アソシエイツ）

粘土表面がさらっとして型抜きしやすく、乾燥後の強度が高いため食器作りにおすすめ。

UVレジンコート
（日清アソシエイツ）

コーティング用のUVレジン。液だれしにくく、耐水性があり、傷や汚れに強い。つやを出すため、仕上げに使う。

材料
樹脂粘土（**グレイス ジュエリーライン**）
カラー粘土（**グレイスカラー ホワイト**）
ベビーオイル
コーティング用UVレジン（**UVレジンコート**）

作り方 ※深皿bの型を使用

1

粘土を直径2cmに丸め、型に沿って丸く広げる。
グレイスジュエリーラインは乾燥すると透け感が出るので、真っ白な陶器風にしたい場合は白いカラー粘土を1：1の割合で混ぜ合わせて使います。粘土の大きさは使用する型に合わせて調整します。

2

1の中心にオイルを多めに塗る。
オイルを多めに塗ることで空気の入り込みを防ぎ、粘土が型にくっつきません。

3

上の型をかぶせ、空気が入らないようにしっかり押さえて密着させる。

4

上の型をはずし、バリ（はみ出た部分）を粘土ヘラ（**ステンレスモデラ**）で取る。

5

乾燥させ、型からはずす。スポンジの上にのせて5日～1週間おき、完全に乾燥させる。
1時間後くらいに型と粘土の間に隙間ができるので、オイルを隙間に入れると型からはずしやすくなります。

6

やすりをかけ、バリを取ってなめらかにする。

7

作業台を作る。壁掛けフックのフック部分に強力両面テープを巻きつける。

8

6の器を裏にして7の作業台にのせる。

9

UVレジンコートを筆で裏側全体に塗る。

10

UVライトにあててかためる。
5～10分ほどでかたまります。手で触ってベタつきがなければOK。

11

器の表側も同様に**UVレジンコート**を全体に塗り、UVライトにあててかためる。
縁も忘れずに塗りましょう。

12

完成。
粘土は乾燥すると約10％縮むため、型の大きさよりもひとまわり小さく仕上がります。

基本の作り方 B （UVレジンを使う場合）

材料

UVレジン
（ジュエリーUVレジン LED プラス）

みがき液（**専用みがき液**）

ジュエリーUVレジン LED プラス
（日清アソシエイツ）

型抜きに最適なUVレジン。厚みのある立体的な型に入れても1回で硬化できる。付属の専用みがき液でみがくことで、ガラスみたいに透明感のある仕上がりに。

ビニール手袋

型を組み立てるときにUVレジンが手につかないように、ビニール手袋をして作業するのがおすすめ。

作り方　※パフェグラスの型を使用

1

パフェグラスの下の持ち手部分にUVレジンを入れる。

2

気泡を粘土ヘラ（**ステンレスモデラ**）ですくい取る。

きれいに仕上げるには、気泡をしっかり取るのがポイント。

3

型を合わせて組み立てる。

4

輪ゴムで巻いてしっかり固定する。

5

上からUVレジンを2/3くらいまで入れる。

6

気泡を粘土ヘラ（**ステンレスモデラ**）ですくい取る。

気泡を取るたびにティッシュでふき、きれいなヘラですくい取ります。

7

上のふたの裏面に筆でUVレジンを全体に塗る。

UVレジンと触れる部分に塗っておくことで、型を合わせたときに気泡ができるのを防ぐことができます。

8

7のふたをのせ、上からゆっくり押す。

中のUVレジンがあふれるので、下にカットしたクリアファイルを敷いておくと便利。UVライトにあてるとき、クリアファイルごと移動できます。

9

UVライトにあててかためる。

3分ほどでかたまります。長くあてすぎると黄ばんでしまうので注意。

グリーンサラダの サラダボウル (p.40)

作り方

1

下記の型を使って《基本の作り方B》の要領でカップを作り、取っ手をニッパーで切る。

2

取っ手部分にやすりをかけてなじませる。

3

完成。

ティーカップB 立体型
2.9cm×2.4cm、2.3cm×1.9cm / 1180円
（2.9cm×2.4cmを使用）

10

バリ（はみ出た部分）を手で取り除き、細かい部分はニッパーで切り取る。

11

底や縁などにやすりをかけ、なめらかに整える。

12

専用みがき液を布につけ、表面をみがく。
みがき液でみがくと、ガラスのようなつやが出てきます。

13

完成。

アレンジ方法

＜色をつける＞

完成した器にアクリル絵具で色を塗る方法と、着色した粘土で作る方法があります。

[絵具を塗る]

オムライス …p.27

アクリル絵具〈ブライトシルバー〉を塗り、ステンレス風の器に。

クリームシチュー …p.28

アクリル絵具〈ローシェンナ〉を塗る。

ビーフシチュー …p.28

アクリル絵具〈チタニウムホワイト〉、〈イエローオキサイド〉を混ぜてクリーム色を作り、内側と縁を塗る。乾いたら、アクリル絵具〈カドミウムレッドミディアム〉で外側を塗る。

[粘土を着色する]

スコッチエッグ …p.16

粘土をカラー粘土（**グレイスカラー レッド＋ブラウン**）で着色する。

ミートソース …p.30

粘土をカラー粘土（**グレイスカラー レッド＋ブラウン**）で着色する。

ナポリタン …p.30

粘土をアクリル絵具〈イエローオキサイド〉、〈チタニウムホワイト〉で着色する。

ロールキャベツ …p.17

粘土をアクリル絵具〈ローシェンナ〉で着色する。

カルボナーラ …p.30

粘土をカラー粘土（**グレイスカラー きつね色**）で着色する。

＜柄をつける＞

《基本の作り方A》の1〜6と同様に器を作ったら、アクリル絵具でラインを描いたり、シールを貼ったりして好きなデザインに仕上げます。

チーズケーキ …p.52

1

《基本の作り方A》の1〜6の要領で平皿bを作り、マスキングテープを貼って縁を覆い、余分なところは皿の裏側に折り込む。

2

カッターコンパスを中心にあて、刃が皿の2〜3mm内側にくるように合わせ、1周して切り込みを入れる。

3

2よりも1mmほど縮めて（線の太さ分）再び1周する。

4

切り込みを入れたマスキングテープをピンセットでつまんではがす。

5

4のラインの中にアクリル絵具〈パーマネントアリザリンクリムソンヒュー〉を塗る。乾いたらマスキングテープをはがす。
写真はベイクドチーズケーキの器。レアチーズケーキはアクリル絵具〈アンティークゴールド〉を使用。

6

好きな絵柄のシールを貼りつけ、UVレジンコートを全体に塗り、UVライトにあててかためる。

カッターコンパス

コンパスの要領できれいな円形に切り抜くことができるカッター。

マスキングテープ

貼ってはがせるので仮どめに最適。あれば太めのものが作業しやすい。

Tableware Collection用 超薄シール

レッドローズ、バイオレット（日清アソシエイツ）
手作り食器用のシール。薄くてなじみがよい。好きな場所に貼ればクラシックな花柄の食器が作れる。

シーザーサラダ …p.40

アクリル絵具〈ウルトラマリンブルー〉を器の縁に塗る。

COLUMN

ミニチュア洋食の
アクセサリー

完成した作品に金具を取りつければ、
ブローチやキーホルダーなどにして持ち歩くことができます。
好きなモチーフを選んで世界で一つのオリジナルアクセサリーを作りましょう。

ブローチ

キーホルダー

アクセサリー作りの材料と道具

アクセサリー作りに使用する材料と道具を紹介します。金具の種類はいろいろあるので、作りたいものに合わせて選びましょう。

キーホルダー金具
キーリングがついているタイプを使用。リングの部分に金属チャームを取りつけることもできる。

ハットピン（ブローチ金具）
帽子以外にもブローチとして使える。丸皿に透かしパーツを接着剤で貼りつけ、モチーフを貼りつける。

ピアス金具
フレンチフック、釣針タイプを使用。いろいろなデザインや色があるので好みで選んで。

リング台
透かしパーツなどの台がついているタイプを使用。台にモチーフを接着剤で貼りつける。

透かしパーツ
モチーフを接着剤で貼りつけるときに台として使用。穴に丸カンを通して金具もつけられる。

金属チャーム、ビーズ
装飾用の金属パーツやビーズ。サイズやデザインはさまざまあるので好みのものを選んで。

9ピン
数字の9のような形をしているピン。ビーズを通して両端に他の金具を連結するときに。

丸カン
金具やパーツをつなぐ役目をする。いろいろな種類があるので作るものに合わせて選ぶ。

ピンバイス
金具を通すとき穴をあける道具。**精密ピンバイスD（タミヤ）**を使用。別売りのドリル刃を取りつける。

平ヤットコ
金具を挟んだり、つぶしたりするときに使用する道具。丸カンを開閉するときには2本あると便利。

ニッパー
配線コードや針金などを切る工具。金具やビーズ、チェーンなどの長さを調整するときに使用。

接着剤
液状で塗りやすい**デコプリンセス（コニシ）**、接着スピードが速くて透明度の高い**スーパーXゴールドクリア（セメダイン）**がおすすめ。

> アクセサリー
への加工法

アクセサリーを作るときは、接着剤でモチーフを貼りつける方法と、穴をあけて金具を通す方法の2つがあります。使用する金具や作りたいアイテムによって選びましょう。

① 接着剤で貼りつける

ブローチや指輪など台がついている金具は、モチーフを接着剤で貼りつければ完成。作品の大きさによってバランスがとりにくい場合は、透かしパーツを貼りつけます。

1

ハットピン（ブローチ金具）の丸皿に接着剤で透かしパーツを貼りつけ、透かしパーツの上に接着剤を塗る。

2

モチーフを透かしパーツの上にのせて貼りつける。
指輪の場合はリング台についている台に直接モチーフを貼りつけます。

② 穴をあけて金具を通す

キーホルダーやピアスなどぶら下げるタイプは、モチーフに穴をあけて金具を通します。丸カンや9ピンを使って金属チャームやビーズなどの装飾パーツを合わせることもできます。

1

モチーフの金具をつけたい場所にピンバイスを使って穴をあける。
ここでは、ピンバイスのドリル刃は1mmを使用。作品の厚みに合わせて刃の太さは調整。

2

丸カンを1の穴に通し、ビーズをつけた9ピンや金属パーツをつなげ、ピアス金具などと連結する。
キーホルダーはグラタン皿の取っ手の穴を利用して金具を通しました。

丸カンの使い方

〇

×

丸カンを開閉するときは平ヤットコ2本で両側を持ち、前後にずらすようにする。左右に開くと強度が下がるので注意。

関口真優 (せきぐち まゆ)

スイーツデコレーション作家。「持つよろこび」をコンセプトに上品で繊細な作品を得意とし、TBS「王様のブランチ」などテレビ、ラジオをはじめとする多くのメディアで活躍。2009年に東京都半蔵門にスイーツデコレーションスクール「Pastel sweets(パステルスイーツ)関口真優スイーツデコレーションスタジオ」を設立。数多くのインストラクターを輩出するとともに、海外からもその技術、指導が注目され、講師としてオファーを受ける。現在、台湾、シンガポールに講座を展開し、グローバルにスイーツデコレーションの楽しさを発信している。『樹脂粘土でつくる かわいいミニチュアパン』、『樹脂粘土でつくる かわいいミニチュアサンドイッチ』、『樹脂粘土でつくる とっておきのミニチュアスイーツ』(小社)、『おゆまるでスイーツデコ』(大和書房)、『100円グルーガンでかんたんかわいいスイーツデコ＆アクセサリー』(三才ブックス)、『UVレジンで作るかんたんアクセサリー』(マイナビ)など著書多数。
http://pastelsweets.com

デザイン	… 桑平里美
撮影	… masaco
スタイリング	… 鈴木亜希子
編集	… 矢澤純子

〈材料協力〉

日清アソシエイツ
TEL 03-5641-8165　http://nisshin-nendo.hobby.life.co.jp

パジコ
TEL 03-6804-5171　http://www.padico.co.jp

タミヤ
TEL 054-283-0003　http://www.tamiya.com/japan/index.htm

日新レジン
TEL 045-811-1093　http://www.nissin-resin.co.jp

※掲載した商品の情報は2017年9月現在のものです。

樹脂粘土でつくる レトロかわいいミニチュア洋食

2017年11月20日　初版印刷
2017年11月30日　初版発行

著者　　関口真優
発行者　　小野寺優
発行所　　株式会社河出書房新社
　　　　　〒151-0051　東京都渋谷区千駄ヶ谷2-32-2
　　　　　電話：03-3404-1201（営業）/ 03-3404-8611（編集）
　　　　　http://www.kawade.co.jp/
印刷・製本　三松堂株式会社

Printed in Japan　　ISBN978-4-309-28654-9

落丁本・乱丁本はお取り替えいたします。
本書のコピー、スキャン、デジタル化等の無断複製は著作権法上での例外を除き禁じられています。本書を代行業者等の第三者に依頼してスキャンやデジタル化することは、いかなる場合も著作権法違反となります。

本書に掲載されている作品及びそのデザインの無断利用は、個人的に楽しむ場合を除き、著作権法で禁じられています。
本書の全部または一部（掲載作品の画像やその作り方図等）を、ホームページに掲載したり、店頭、ネットショップ等で配布、販売したりするには、著作権者の許可が必要です。

本書の内容に関するお問い合わせは、お手紙かメール（jitsuyou@kawade.co.jp）にて承ります。恐縮ですが、お電話でのお問い合わせはご遠慮くださいますようお願いいたします。